MISSION SCIENTIFIQUE

DU MINISTÈRE DE L'INSTRUCTION PUBLIQUE

MONUMENTS PRIMITIFS

DES

ILES BALÉARES

PAR

ÉMILE CARTAILHAC

TEXTE AVEC 80 PLANS OU DESSINS

TOULOUSE
LIBRAIRIE ÉDOUARD PRIVAT
1892

MONUMENTS PRIMITIFS

DES

ILES BALÉARES

DU MÊME AUTEUR

Matériaux pour l'Histoire primitive et naturelle de l'Homme. Revue mensuelle illustrée. Direction G. DE MORTILLET, 1865-68, 4 vol. Direction E. CARTAILHAC, 1869-89, 18 volumes in-8° de 600 pages avec figures et planches. . . . 500 fr.

Depuis janvier 1890, les *Matériaux* réunis à la *Revue d'Anthropologie* et la *Revue d'Ethnographie* forment une nouvelle publication.

L'Anthropologie. Revue illustrée paraissant tous les deux mois, sous la direction de MM. CARTAILHAC, HAMY, TOPINARD. 800 pages par an, grand in-8°. *Paris,* G. Masson, boulevard Saint-Germain, 120 . . . . 27 fr.

L'Age de la Pierre dans les Souvenirs et les Superstitions populaires, avec 68 figures dans le texte et 2 planches. *Paris*, 1878 (*épuisé*).

Les Ages préhistoriques de l'Espagne et du Portugal. Préface de M. A. DE QUATREFAGES, de l'Institut, Professeur au Muséum. Grand in-8° avec 450 figures dans le texte et 4 planches. *Paris*, C. Reinwald, 1886 . . . . 25 fr.

La Grotte de Reilhac, causse du Lot (en collaboration avec M. Marcellin BOULE). In-4° avec 70 figures dans le texte. *Paris*, G. Masson, 1889. . . . . 5 fr.

La France préhistorique d'après les sépultures et les monuments. 336 pages in-8° avec 162 gravures et phototypies dans le texte. *Paris*, F. Alcan, 1889. (*Bibliothèque scientifique internationale*), cartonné. 6 fr.

SOUS PRESSE :

La Gaule indépendante, in-8° (*même Bibliothèque*).

MISSION SCIENTIFIQUE DU MINISTÈRE DE L'INSTRUCTION PUBLIQUE

MONUMENTS PRIMITIFS

DES

ILES BALÉARES

PAR

ÉMILE CARTAILHAC

AVEC 51 PHOTOGRAVURES HORS TEXTE ET 80 PLANS OU DESSINS

TOULOUSE

LIBRAIRIE ÉDOUARD PRIVAT

1892

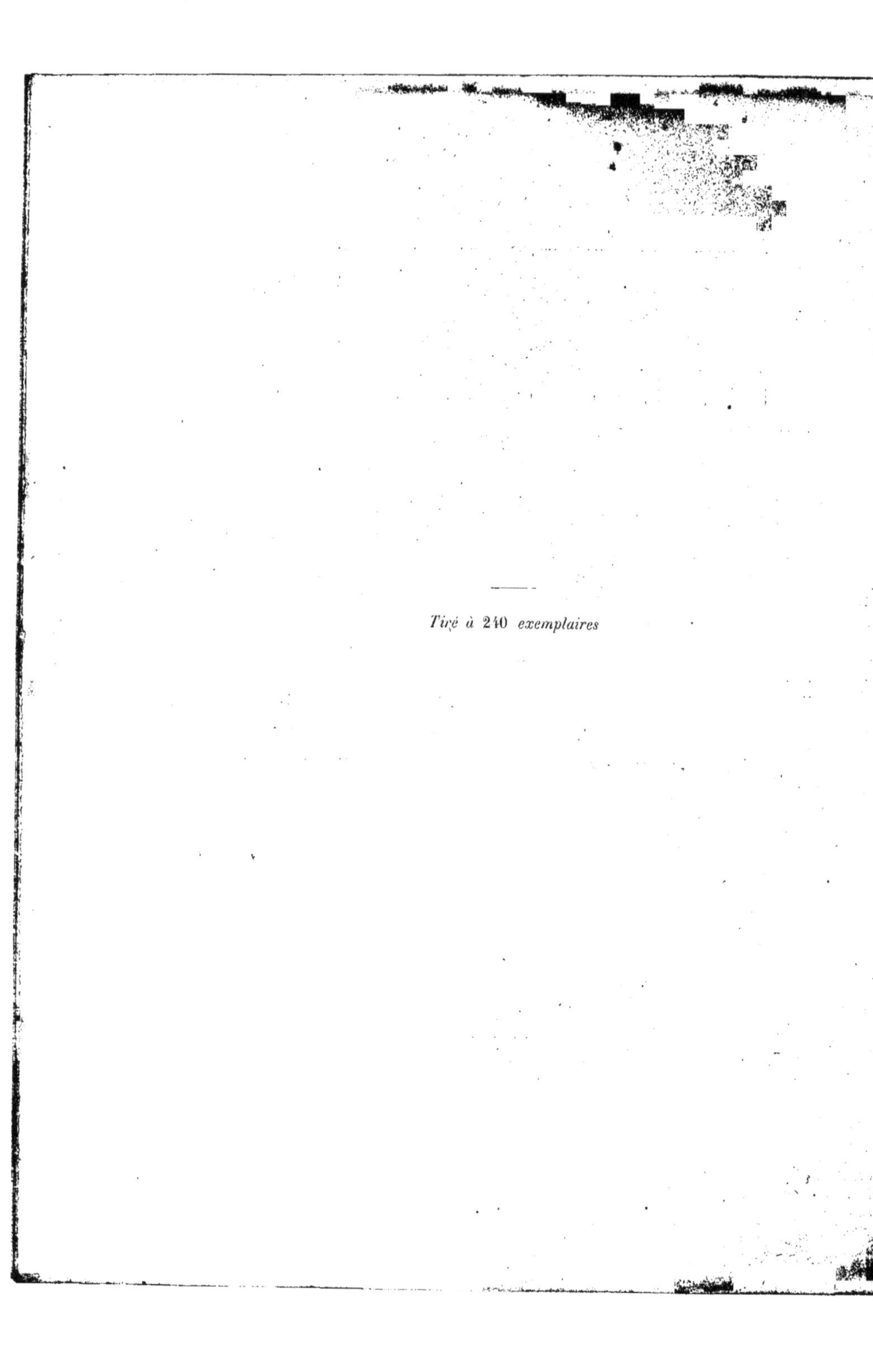

Tiré à 240 exemplaires

A LA MÉMOIRE

DE

M. A. DE QUATREFAGES

MEMBRE DE L'INSTITUT, PROFESSEUR AU MUSÉUM

Souvenir reconnaissant.

AVANT-PROPOS

En 1886, j'ai publié un ouvrage intitulé : *Les Ages préhistoriques de l'Espagne et du Portugal.* C'est le résultat de recherches et de lectures concernant la grande Péninsule qui ferme à l'occident la Méditerranée. J'eus le regret de laisser une quantité de problèmes sans solutions, de nombreux points obscurs. Et comme, en interrogeant l'archéologie et l'histoire de la France et du nord de l'Afrique, je n'avais pu résoudre ces difficultés ni éclairer le sujet, je m'imaginais volontiers que je trouverais quelque lumière dans les îles les plus voisines du littoral espagnol, dernière étape apparemment de toutes les influences qui jadis se propagèrent par mer d'Orient en Hispanie.

J'ai été ainsi conduit à faire aux îles Baléares, en octobre, novembre et décembre 1888, une charmante promenade, car il faut réserver les mots de voyage ou d'exploration pour les contrées plus lointaines, moins commodes à visiter. On arrive aux îles en une nuit par Barcelone, en un jour par Cette. On y est reçu admirablement, on y circule partout avec facilité, et lorsqu'on leur dit adieu, on part séduit par les beautés de la nature et charmé par l'amabilité des gens. On trouve justifiées les paroles des vieux écrivains Baléares : « *Hic mihi certa quies vivere et opto mori* » (Don Juan Dameto); « *Viver en ella es para mi una imperturbable felicitad, y en la misma deseo morir.* » (Dionisio Pont.)

Je n'ai pas rencontré les renseignements que j'espérais sur l'âge de la pierre et les populations vraiment primitives de la Méditerranée. J'ai recueilli, en revanche, des documents plus récents, que je ne cherchais pas, et qui, à ma grande surprise, étaient en majorité inédits. Le premier, je crois, j'apporte à la fois des photographies méthodiques et des plans détaillés de remparts, de villes et de monuments. A cet ensemble de faits s'ajoutent les dessins de menus objets conservés dans les rares collections publiques et chez quelques particuliers.

On jugera sans doute ma récolte satisfaisante, bien que je n'aie pas la prétention d'avoir tout vu ni tout moissonné.

Je voudrais pouvoir remercier ici les personnes qui ont secondé mes efforts et favorisé mes études.

Monsieur le Ministre de l'Instruction publique avait bien voulu patronner mon œuvre en me chargeant d'une mission (gratuite) conforme au but que je voulais atteindre.

A Mayorque, j'ai contracté des dettes de reconnaissance envers S. A. I. l'Archiduc Louis-Salvator d'Autriche et MM. Ernest Canut, banquier d'origine française; E. Estada, ingénieur en chef des travaux publics; B. Ferrà, architecte, directeur du musée; G. Llabres, directeur du *Boletin de la Sociedad archeologica Luliana;* Pedro de A. Peña, ancien officier, géomètre, et ses fils; Planes, archéologue; F. Salva y Salva, avocat...

A Minorque, l'accueil le plus aimable m'a été fait par MM. F. Cardona y Orfila, prêtre et naturaliste, et par son neveu Pio Vivalta, mon jeune compagnon d'excursions; Pons y Soler, historien; G. Galens (d'Oran); Juan Taltawull père et fils, banquiers; G. de Saura et Mme G. de Saura; J. Seguy y Rodriguez, directeur de la *Revista de Menorca,* et autres.

Je dois adresser aussi mes meilleurs souvenirs à M. Juan B. Enseñat, de l'Académie de l'histoire, secrétaire général du Jury de l'Exposition internationale de Barcelone.

J'ai donné les ossements humains que j'ai recueillis au Muséum d'Histoire naturelle de Paris, et là, M. le Dr Verneau, dont les beaux travaux sur les îles Canaries ont si bien éclairé l'anthropologie du sud-ouest de l'Europe, a eu l'amabilité de les étudier. Sa notice complète mon mémoire archéologique.

Est-il nécessaire de dire que je recevrai avec gratitude toutes les observations que les lecteurs voudront bien m'adresser? Mon ouvrage ne peut être utile qu'à la condition de provoquer des recherches et de soulever des discussions parmi les érudits.

5, rue de la Chaîne, Toulouse.

MONUMENTS PRIMITIFS

DES BALÉARES

CHAPITRE PREMIER

BIBLIOGRAPHIE

A l'orient de l'Espagne à égale distance des côtes de la France et de l'Algérie, sont situées plusieurs îles que les anciens divisèrent en deux groupes principaux, auxquels ils donnèrent différents noms. Le premier se composait de deux grandes îles, *Major* (Majorque) et *Minor* (Minorque), les Gymnésies (Γυμνησίαι des Grecs). Le deuxième groupe, au sud du premier, comprenait deux petites îles et quelques îlots, les Pityusses, (Πιτυοῦσαι).

L'ensemble des îles était connu des Romains sous le nom de Baléares.

De nombreux textes grecs et latins en font mention.

Il est parlé d'elles dans Timée, Aristote, Polybe, Tite-Live, Strabon, Diodore, Pline, Pomponius Méla, Plutarque, Aviénus, saint Jérôme, Isidore, etc.

Dans la plupart des cas les auteurs nous donnent de courtes indications ethniques ou géographiques. Les seuls passages un peu étendus sont ceux de Strabon et de Diodore. Il m'a paru intéressant de les rappeler ici pour montrer l'insuffisance des renseignements fournis par la littérature antique.

Strabon, après quelques considérations géographiques, s'exprime en ces termes :

« L'heureuse nature des lieux fait que les habitants de ces îles, tout comme ceux d'Ebysus, sont d'humeur pacifique. Mais la présence parmi eux de quelques scélérats qui avaient fait alliance avec les pirates de la mer Intérieure suffit à les compromettre tous, et donna lieu à l'expédition de Métellus, qui y conquit le surnom de *Baléarique*[1] et y fonda en même temps les villes de Palma et de Polentia. Du reste, tout pacifiques que sont les habitants de ces îles, ils se sont fait, en repoussant les fréquentes agressions auxquelles les exposaient leurs richesses, la réputation des frondeurs les plus adroits qu'il y ait au monde; et, si ce qu'on dit est vrai, leur supériorité dans le maniement de cette arme remonterait à l'époque où les Phéniciens occupèrent ces îles. On croit aussi que ce sont les Phéniciens qui ont introduit chez ces peuples l'usage des tuniques à large bordure de pourpre (auparavant ils ne connaissaient que les tuniques unies et la grossière *sisyrne*), qu'ils quittaient même pour marcher au combat, ne gardant alors qu'un bouclier passé dans leur bras (gauche), tandis que leur main (droite) brandissait une javeline durcie au feu et quelquefois armée d'une petite pointe de fer. Ils portaient en outre, ceintes autour de la tête, trois frondes faites de *mélancranis*, de crin ou de boyau : une longue pour atteindre l'ennemi de loin, une courte pour l'atteindre de près, et une moyenne pour l'atteindre quand il était placé à une distance médiocre. Dès l'enfance, on les exerçait à manier la fronde, et, à cet effet, les parents ne donnaient à leurs enfants le pain dont ils avaient besoin que quand ceux-ci avec leurs frondes l'avaient abattu de l'endroit où il était placé. Métellus connaissait leur adresse, et, quand il fut pour aborder dans leurs îles, il fit tendre des peaux au-dessus du pont de chaque navire pour que ses hommes fussent abrités contre les projectiles des frondeurs gymnésiens. Il amenait avec lui 3 000 colons pris parmi la population romaine de l'Ibérie.

« A leur fertilité naturelle ces îles joignent un autre avantage, c'est qu'on aurait peine à y rencontrer aucune bête nuisible. Les lapins eux-mêmes, à ce qu'on assure, n'y sont point indigènes; mais, un des habitants ayant apporté de la côte voisine un mâle et une femelle, ce premier couple fit souche, et telle fut l'abondance avec laquelle la race de ces animaux multiplia tout d'abord, que les populations, voyant leurs maisons et leurs arbres sapés et renversés, en furent réduites à chercher un refuge auprès des Romains[2]. Aujourd'hui heureusement l'habileté des chasseurs ne laisse plus le fléau prendre ainsi le dessus, et les

1. L'histoire est silencieuse sur ce Métellus et sa conquête des Baléares. En dehors de ce qu'en dit Strabon dans les lignes qui suivent et à part l'épitaphe du tombeau de Métellus retrouvée, je crois, en Italie, nous savons peu de choses sur ce personnage. Voici le texte restitué de l'épitaphe :

« Quintus Cecilius Metellus Balearis insulas Baleares obtinuit, et illas Imperio Romano subjecit in perpetuum ».

2. Cette invasion désastreuse de lapins est aussi racontée par Pline.

propriétaires sont libres de cultiver leurs terres avec profit. — Les îles dont nous venons de parler sont situées en deçà des Colonnes d'Hercule. »

Diodore, de Sicile, est plus explicite :

« Les deux îles sont très fertiles, et nourrissent environ trente mille habitants. Il croît peu de vignes chez eux, et cette rareté du vin est cause qu'ils l'aiment beaucoup. Ils manquent absolument d'huile d'olive, et ils ne s'oignent que d'une espèce d'huile qu'ils tirent du lentisque et qu'ils mêlent à de la graisse de porc. L'amour et l'estime qu'ils ont pour le sexe va si loin, que si les corsaires leur enlèvent une femme ils ne font aucun scrupule de donner pour sa rançon trois ou quatre hommes. Ils habitent sous les rochers creux et le long des à-pic, disposant des trous et pratiquant de nombreuses grottes. C'est là qu'ils vivent, recherchant avec soin à la fois l'abri et la sécurité. L'or et l'argent ne sont point en usage chez eux et ils ne permettent pas qu'on en fasse entrer dans leur île. La raison qu'ils en apportent est qu'Hercule ne déclara autrefois la guerre à Jéryon, fils de Chrysaor, que parce qu'il possédait des trésors immenses d'or et d'argent. Pour mettre donc leurs possessions à couvert de l'envie, ils interdisent chez eux le commerce de ces métaux. Ce fut même pour conserver cette coutume que, s'étant mis autrefois à la solde des Carthaginois, ils ne voulurent point rapporter leur paye dans leur patrie ; mais ils l'employèrent tout entière à acheter des femmes et du vin.

« Ils ont une étrange pratique dans leurs mariages. Après le festin des noces, les parents et les amis vont trouver chacun à leur tour la mariée. L'âge décide de ceux qui doivent passer les premiers, mais le mari est toujours le dernier qui reçoive cet honneur. La cérémonie qu'ils observent quand il s'agit d'enterrer leurs morts n'est guère moins particulière. Ayant brisé d'abord à coups de bâton tous les membres du cadavre, ils le font entrer dans une urne, et le couvrent ensuite d'un grand tas de pierres. Leurs armes sont trois frondes : ils en portent une autour de la tête, l'autre autour du ventre, et la troisième dans leurs mains. Dans les expéditions militaires ils jettent de plus grosses pierres et avec plus de violence que les machines mêmes. Quand ils assiègent une place, ils atteignent aisément ceux qui gardent les murailles, et dans les batailles rangées ils brisent les boucliers, les casques et toutes les armes défensives de leurs ennemis. Ils ont une telle justesse dans la main, qu'il leur arrive peu souvent de manquer leur coup. Ce qui les rend si forts et si adroits dans cet exercice est que les mères mêmes contraignent leurs enfants, quoique fort jeunes encore, à manier continuellement la fronde. Elles leur donnent pour but un morceau de pain pendu au bout d'une perche, et elles les font demeurer à jeun jusqu'à ce qu'ayant abattu ce pain, elles leur donnent la permission de le manger. »

On a remarqué la seule phrase qui fait allusion aux habitations primitives des insulaires et que nous avons traduite mot à mot. Il n'est pas question des monuments formés de grands blocs, qui devaient être alors si nombreux et si bien conservés à Minorque et à Majorque. Ils ne furent pas remarqués des historiens et des voyageurs jusqu'au siècle dernier.

Je vais passer rapidement en revue les ouvrages où ils sont signalés.

Histoire naturelle et civique de l'Isle de Minorque, par J. ARMSTRONG, traduite sur la deuxième édition anglaise [1]. Amsterdam et Paris, 1769. 278 p. in-24.

Armstrong, officier anglais, avait consulté l'Histoire du royaume Baléare par Dameto (Palma de Mayorque, 1633), l'ouvrage de Vincent Mut, l'Histoire d'Espagne par Mariana, et, n'ayant pas trouvé dans ces travaux les lumières qu'il cherchait, il se mit personnellement à étudier l'île où il séjournait. Les matériaux réunis, il les publia.

Le chapitre XVI est consacré aux « Antiquités qu'on trouve dans l'isle » et se subdivise en trois parties : Antiquités des temps les plus reculés, des Romains, des Maures. Un des monuments d'Alayor est décrit en détail et figuré sur une planche hors texte. (Nous la reproduisons ci-contre.) Une pierre levée supportant une large dalle se voit à gauche d'un énorme monticule de blocs. L'auteur suppose que c'est un autel placé au voisinage d'un tombeau. Pourtant il donne encore aux amas de pierres une autre destination : « C'étaient, pense-t-il, tout autant d'échauguettes qui servaient à découvrir l'ennemi qui entrait dans le pays et où l'on faisait des signaux, d'où le nom d'Athalaias, qu'ils portent ».

Il recherche ensuite quels furent les auteurs de ces constructions. Il part de ce principe que dans les premiers âges du monde toutes les cérémonies de la religion se réduisaient à offrir des sacrifices aux Dieux, pour apaiser leur colère et implorer leur protection, et finalement il renvoie le lecteur à une étude sur les carnes (*sic*) de l'île d'Anglesye, de l'Irlande et de l'Écosse.

Les grottes (covas) retiennent ensuite l'auteur ; il signale leur origine humaine, leur nombre, il recherche leurs usages et rappelle que des Maltais, des Italiens de Viterbe, quantité de Maures vivent dans de semblables grottes et que les Minorquins en faisaient jadis autant. Après avoir servi à la population entière, elles ne

1. Je cite l'édition que je possède ; la première, en anglais, est de 1752.

Les Monuments d'Alayor.

Reproduction d'une planche gravée de l'*Histoire de Minorque*, par J. ARMSTRONG, 1752.

furent plus fréquentées que par les pauvres gens; finalement, dit-il, elles devinrent des lieux de refuge ou de dépôt en cas de besoin.

Descripciones de las islas Pithiusas y Baleares, por D.. José Vargas Ponce, Madrid. MDCCLXXXVII, in-8°, XXIV et 158 p., 3 tab.

L'auteur, navigateur et géographe espagnol, consacre quelques passages aux monuments antiques; dans son chapitre intitulé : Antigüedades, il les divise en deux groupes, l'un « que l'on croit celtique et l'autre qui avec plus de certitude est d'origine arabe ». Il décrit les premiers que possède Minorque et les nomme « pyramides et tables ou autels ». Il note les cellules que contiennent les pyramides et dit que l'on n'y a rien trouvé de particulier; il marque le voisinage de ces pyramides et des tables; il a mesuré quelques-unes de celles-ci et donne les dimensions. Pour ce qui est de l'origine celtique il renvoie à Armstrong. Il consacre un plus long passage aux grottes taillées des cales ou petits ports du Sud; leur situation, les os humains qu'on y rencontre fréquemment, lui paraissent démontrer qu'elles servaient de demeures, d'abris, de sépultures, aux premiers habitants de l'île.

Antigüedades celticas de la Isla de Menorca, por el Dr D. Juan Ramis. Mahon, 1818, pet. in-8°.

J. Ramis fut certainement l'un des esprits les plus cultivés des Baléares. C'était un naturaliste et un archéologue passionné. Le premier, il réunit en collections les objets qu'il put recueillir. Parmi ses diverses séries la numismatique brillait au premier rang; les autres antiques étaient moins nombreux, mais également dignes d'attention. Le premier il écrivit des catalogues, qui ne furent publiés qu'en partie. Sa famille conserve encore ce qui reste de son musée et de ses manuscrits; des ventes et des négligences fâcheuses ont singulièrement réduit ce trésor. On note dans ces collections et dans les catalogues un certain mélange des objets provenant des îles et de ceux que Ramis avait reçus de l'étranger. De telle sorte que l'on ne peut les utiliser qu'avec beaucoup de prudence et d'hésitation.

L'ouvrage « Sur les antiquités celtiques de Minorque » indique par son titre que Ramis l'écrivit sous l'influence des théories alors en vogue en France et qui attribuaient aux Celtes une foule de monuments qu'une critique plus sévère rendit plus tard, à des époques très différentes, à des peuples très divers. Ainsi, égaré par la fantaisie et l'imagination, Ramis ne nous a pas laissé une bonne étude des constructions primitives de son pays. Mais il y a çà et là des notes très utiles et que les auteurs subséquents devront utiliser.

A la fin est un catalogue des monuments de Minorque. Ramis signale 195 talayots entiers ou ruinés.

L'illustration du volume laisse tout à fait à désirer. Il n'y a qu'une planche figurant deux ou trois objets et un des principaux édifices, la nau d'Es Tudons ; mais ces croquis sont menus et grossiers.

Voyage en Sardaigne, par le comte ALBERT DE LA MARMORA. Paris-Turin, 1840, 2 vol. in-8. Antiquités. Atlas.

L'auteur s'est longuement étendu dans son deuxième volume (p. 532) sur les monuments des Baléares. Il avait même projeté, dit-il, de traiter ce sujet d'une manière plus spéciale. C'était un bon observateur, ayant acquis de l'expérience par sa consciencieuse étude des nuraghes de la Sardaigne, au courant de toute la littérature. C'est son travail que, dans la suite, la plupart des auteurs ont cité de confiance, et ce sont ses dessins que l'on retrouve toutes les fois qu'il est question des Baléares dans des publications archéologiques illustrées.

Le premier il vit l'ensemble des monuments des deux îles, de Mayorque et de Minorque. Il les examina très rapidement durant l'hiver de 1833 à 1834. Sa description de leur mode de construction est exacte. En revanche celle de leurs plans laisse beaucoup à désirer. Il est évidemment enclin à forcer les rapprochements avec les nuraghes, et pour ce motif ses restitutions ne sont guère acceptables. On a même le droit, quand on a plus minutieusement examiné les monuments, de se demander si A. de la Marmora n'avait pas, comme les meilleurs écrivains de son temps, un excès d'imagination. Dans le cours de mon travail, j'aurai l'occasion de le citer plusieurs fois et d'accepter ou de contredire ses indications.

Les dessins qui sont réunis sur deux ou trois planches de son album se divisent naturellement en deux séries : les édifices et les petits objets. Ces derniers sont représentés seulement par des croquis. Mais nous avons ainsi des renseignements sur l'origine des objets que j'ai retrouvés en partie dans les collections, où, en général, ils avaient perdu tout certificat d'origine.

Note sur l'origine des premiers habitants des îles Baléares, par BOUDARD : Revue Archéologique, 1855, p. 244, t. Ier.

M. Boudard est bien connu par ses études sur les monnaies et l'alphabet ibériens. Après avoir énuméré les textes de l'antiquité concernant les Baléares, il croit pouvoir identifier les Baléares et les Gymnètes, et affirmer que les Gymnètes étaient des Ibères. Il va chercher ses preuves dans le basque : *Aballo* signifiant fronde et *erri* pays, les Ibères ont pu et dû appeler ces îles Aballaerri, pays de la fronde.

Historia de la Isla de Menorca, por OLEO Y QUADRADO. Cuidadela, 1876.

Cette œuvre importante est d'un écrivain local fort estimé. En ce qui concerne les monuments primitifs, M. Oleo y Quadrado a pris conseil de son compatriote M. Juan Pons y Soler. Deux ou trois pages donnent ainsi des observations de détail et des renseignements généraux exacts et consciencieux, mais point de figures.

Los talayots de Menorca, lettre de D. CESAREO FERNANDEZ DURO, dans la « Academia », t. Ier, 1877.

Récit très sommaire et très vague.

Apuntes arqueológicos, de D. FRANCISCO MARTORELL Y PEÑA, mises en ordre par Salvador Sampere y Miquel, publiées par D. Juan Martorell y Peña. Barcelone, 1879, 224 pages, gr. in-8.

Il est plusieurs fois question des monuments des Baléares dans ces notices archéologiques. Une d'elles leur est entièrement consacrée sous le titre : « Islas Baleares, talayots, navetas, altares, etc. », pp. 195-211. Les grottes sont décrites sous le titre : « Sepulturas olerdulanas », pp. 132-143.

L'auteur a naturellement beaucoup emprunté à la Marmora, mais il a fourni aussi bon nombre d'observations personnelles. Il passe d'abord en revue les monuments principaux, et il les décrit avec un soin que n'avaient pris aucun des précédents auteurs. Il donne les mesures, le plan, la vue d'une trentaine de talayots, d'altares, de navetas; ce sont les croquis de la Marmora, quelquefois heureusement corrigés. Le premier il publie une carte archéologique de Minorque dressée par M. Rafael Blasco, et je dois dire qu'elle m'a été fort utile pendant mon exploration. Il faudrait peu de chose pour la mettre au point.

Contribucion al estudio de los monumentos megaliticos ibéricos, par SALVADOR SAMPERE Y MIQUEL : dans la « Revista de ciencias historicas ». Gerone, 1881.

L'auteur, sous un titre assez général, s'occupe en réalité plutôt des îles Baléares et de la Catalogne que du reste de la péninsule. Son premier chapitre sur les constructeurs des monuments mégalithiques n'apprend rien. Le second énumère les grottes ayant servi d'habitations, les navetas; c'est une série d'extraits de Martorell y Peña présentés avec un peu plus de méthode. Il en est de même de la troisième partie : les sépultures, dolmens. L'auteur avoue qu'il ne connaît aucun objet trouvé dans ces monuments. Le chapitre quatrième : Monuments et autels, ajoute quelques indications personnelles à celles de Martorell. Viennent ensuite des chapitres sur les monuments commémoratifs, menhirs, sur les pierres branlantes, sur les habitations autres que les grottes, les talayots. Le dernier est le plus important. Mais c'est encore du Martorell à peine revu et augmenté. L'au-

Porte de l'enceinte d'Arta, Mayorque.
Réduction d'une gravure de *Die Balearen in Wort und Bild.*

teur enfin se perd dans des considérations peu critiques sur la langue des construc teurs des monuments mégalithiques.

. *Die Balearen in Wort und Bild geschildert*, par l'archiduc Louis Salvator d'Autriche. Leipzig, 1882-1891, 7 vol. in-fol.

Ce grand et magnifique ouvrage fut par malheur tiré à très petit nombre, et la série complète de ses tomes ne se trouve guère que dans les bibliothèques des souverains et de quelques capitales. L'auteur a décrit les îles avec amour et à tous les points de vue. Il étudie la géographie, le sol, le climat, la population, les produits naturels, les monuments, les mœurs, le commerce, etc. Sur tous les sujets il a fait appel aux lumières des spécialistes. Artiste lui-même, il a emprunté le secours de graveurs habiles pour reproduire ses dessins, et son texte, écrit en allemand, est merveilleusement illustré. Dans cet ouvrage, le plus luxueux peut-être de la géographie contemporaine, les monuments primitifs tiennent leur bonne place, notamment dans le tome consacré à Minorque et qui est sur le point de paraître.

La Arqueologia de España, por el Dr Emilio Hübner, x-298 p. in-8°. Barcelone.

Le savant épigraphiste allemand consacre quelques lignes seulement aux monuments des Baléares qu'il rapproche, sans entrer dans le moindre détail, mais avec raison, des monuments mégalithiques des autres îles de la Méditerranée, telles que Gozzo et Pantellaria. Il assimile les « navetas » (qu'il croit spéciales à Minorque) aux édifices que décrit Salluste (Bell. Jug., c. XVIII, 10) : « Ceterum adhuc ædificia Numidarum agrestium, quæ mapalia illi vocant, oblonga, incurvis lateribus tecta, quasi navium carinæ sunt ». Il termine en notant l'absence de tout monument identique aux mégalithes de l'Europe.

Hand-Book to the Mediterranean, par le lieutenant-colonel R.-L. Playfair, 1882. Londres, John Murray.

La notice sur les Baléares est digne de cet excellent auteur. Quatre ou cinq des principaux monuments y sont reproduits avec soin et les notes qui les concernent sont absolument supérieures à tout ce qui a été publié sur le même sujet dans les guides espagnols, français ou autres.

Depuis ma visite à Mayorque et à Minorque, plusieurs publications ont parlé des monuments primitifs, notamment le *Boletin de la Sociedad Arqueologica Luliana*, de Palma, et la *Revista de Menorca*, de Mahon. Les unes sont dues à mes aimables compagnons de promenade, qui racontent ce que nous avons observé ensemble. Les autres ont été écrites à propos de mes diverses communications à l'Institut (Académie des Inscriptions), à la Société de géographie de Paris, au Congrès international d'anthropologie et d'archéologie préhistoriques de Paris. Les auteurs de ces articles, induits en erreur par les comptes-rendus des journaux, m'attribuent quelquefois des idées que je n'ai pas ; mais je juge inutile d'insister.

CHAPITRE II

DESCRIPTION DES MONUMENTS

On retrouve les vestiges des villes primitives sous les forêts d'oliviers sauvages et de lentisques aux épais rameaux. J'ai pu suivre le développement de leurs murailles imposantes et retrouver le tracé de leurs principaux édifices. J'ai pris plaisir à m'égarer au milieu de leurs ruines grandioses, que dominent des tours énigmatiques, des pierres levées mystérieuses. Aux environs j'ai rencontré des tombeaux également construits en blocs énormes et suivant un plan défini. Ailleurs sont d'innombrables grottes creusées artificiellement au sein des falaises ou dans la roche tendre qui forme le sol. Examinons ces vestiges en essayant de les classer.

LES VILLES OU BOURGADES

Un certain nombre de cités antiques couvrent de leurs ruines des territoires bien délimités. Quelques-unes sont intactes; plusieurs ont été visiblement entamées par les travaux agricoles, et, sur d'autres points où nous ne voyons plus à la surface des champs que des monuments isolés et clairsemés, il est encore possible, en cherchant bien, de retrouver les traces qui nous prouvent que là aussi furent des centres d'habitation.

Ces vestiges disparaissent, et bientôt on pourra dire avec le poète : « Les ruines elles-mêmes ont péri! »

Ces monuments, en effet, sont situés dans la partie la plus fertile et la plus peuplée de Minorque et de Mayorque. Les campagnards, dont le zèle est infatigable, ont engagé contre les pierres en général une lutte incessante et vraiment courageuse. Depuis des siècles, ils épierrent leurs champs, et construisent avec ces blocs des murs épais et élevés qui surtout à Minorque découpent les propriétés en une multitude de parcelles. Si vous sortez de la maison de ferme, un homme du pays vous conduira directement soit aux portes ménagées dans ces murailles et fermées à claire-voie, soit aux escaliers rustiques qui, formés par trois ou quatre pierres laissées en saillie, flanquent la muraille et permettent de passer de l'autre côté. Mais si vous traversez le domaine sans guide, vous perdez votre temps à escalader les murs, et, à la longue seulement, vous pouvez acquérir assez d'expérience pour éviter les écroulements qui vous entraînent et vous jettent à terre.

Les paysans ne se contentent pas d'enlever les pierres qui émergent du sol, ils arrachent péniblement les roches sous-jacentes; si la terre est trop rare sur un point pour mériter un tel labeur, ils la ramassent avec soin et l'apportent à de meilleurs endroits. Ils sont en somme payés de leurs peines par de magnifiques récoltes.

Quand on les a vus à l'œuvre, on comprend qu'ils aient pu attaquer une énorme quantité de ruines, dont il reste ici et là des lambeaux ou seulement le souvenir. Ils ne se sont découragés que devant celles qui ne laissent pas un pouce de terre visible, tandis que cependant une végétation luxuriante s'élance du sein des entassements de blocs et les recouvre d'un feuillage épais.

La nature s'est ainsi mise à l'œuvre pour détruire les vieux édifices bientôt après leur abandon. Les vigoureux arbrisseaux de ce climat se sont emparés d'eux. Les racines ont grandi entre les blocs, et, avec cette force prodigieuse dont elles disposent, elles les ont lentement écartés; elles ont rompu l'équilibre des murs, et amené souvent leur chute.

On voit très bien sur mes photographies cette exubérance de la végétation, notamment, sur la pl. XVIII, autour du monument principal, la zone boisée qui correspond à la superficie de la ville de Torre-d'en-Galmés[1]. Les pl. I, II, IV et V montrent quel fouillis de verdure règne à l'intérieur des enceintes au pied desquelles s'est arrêté le cultivateur. Ordinairement, pour pouvoir lever le plan des monuments, j'ai dû commencer par faire disparaître quantité d'arbres et d'arbustes. Ce n'était pas toujours aisé. A ce prix seulement, des photographies étaient possibles.

1. Mes phototypies ont été imprimées avant le texte de mon travail; je les ai communiquées à M. Cardona y Orfila, qui a bien voulu me signaler une suite d'erreurs dans l'orthographe des noms. Il ne m'était plus possible de corriger les planches; mais dans le texte j'ai tenu compte des bons avis de mon excellent correspondant. Je dois ajouter, pour ma défense, que des cartes géographiques et des publications locales contiennent déjà les *variantes* que j'avais cru pouvoir adopter.

La situation des villes primitives est partout la même. On les rencontre généralement à plusieurs kilomètres de la mer; il semble que l'on avait déjà cette habitude constante des Baléares actuels, qui fuient les rivages et semblent vivre encore sous la terreur des Maures. L'aspect même de plusieurs villes vient appuyer l'hypothèse qu'elles avaient aussi à redouter l'invasion des pirates. Il en est, en effet, de très bien fortifiées, et la construction de leur enceinte défensive a certainement exigé un plus grand travail que l'édification de la cité elle-même.

La petitesse du territoire, où plusieurs centres habités étaient garnis de remparts, semble peu favorable à l'idée que les insulaires auraient vécu sans cesse sur le pied de guerre, en lutte les uns avec les autres. On admettrait plus volontiers qu'ils étaient obligés de se tenir sur la défensive, harcelés par les coureurs de mer, qui ne manquaient pas à cette époque reculée, si l'on en croit les témoignages de Strabon et de Diodore.

Mais ces villes closes sont en réalité petites ; elles m'ont fait l'impression de simples lieux de refuges où, à un signal d'alarme, la population pouvait s'entasser et trouver un abri sûr. Ce sont des acropoles, leurs habitants paraissent frères des antiques occupants de la Grèce et de l'Italie, il est naturel qu'ils aient eu les mêmes coutumes. Comme eux, leur premier soin fut de fortifier leurs bourgades.

Minorque est riche en cités bien conservées ; son sol rocailleux et souvent stérile a favorisé la permanence des ruines ; à Mayorque, l'agriculteur a pu les détruire plus aisément. Tantôt, comme à la Vela-de-son-Heroued, près Felanítx (pl. XXXVIII, A), on a seulement conservé l'enceinte qui limite aujourd'hui un très vaste champ labouré; tantôt, comme à Artá, l'enceinte de la vieille cité est rompue, mais une de ses portes au moins se dresse encore avec une certaine majesté (voir le dessin ci-dessus, p. 9); tantôt, comme à la Mola-de-Felanítx, il ne reste qu'un côté de grand mur (pl. IV et V); à Capcorp-Vell, dans la « marine » de Llumayor, on peut douter qu'il y ait eu jamais de muraille, mais les édifices sont nombreux et couvrent de notables espaces. Là devait être une ville importante.

Combien la situation est différente à Minorque !

La plus vaste, du moins en l'état actuel des choses, est dans la possession, dite Torre-d'en-Galmés, au sud d'Alayor. En cet endroit s'étend une colline très peu élevée, mais assez pour dominer au loin la plaine, surtout du côté de la mer. Au point culminant se dressent trois grands cônes, alignés de l'est à l'ouest, suivant la direction de la colline (pl. XXIII, B); ils se sont écroulés et forment de grands chaos de blocs. Autour d'eux, notamment sur les pentes du midi, s'étend la cité, que les champs cultivés pénètrent par d'étroites langues de terre péniblement conquises.

Elle ne paraît pas avoir été limitée par des murs. Une autre exactement dans le même cas est celle de l'Hostal (pl. VII et VIII), toute voisine de Ciudadela, complètement dégagée et déblayée par les soins intelligents de ses propriétaires, Mme et M. Gaspar Saura. Bien moins intactes sont les villes de Sant-Agustí et de Torrauba-de-Salort près Alayor, de Benimaimút près Mahon. A Torelló, à Talati-de-Dalt près Mahon, ailleurs encore, deux ou trois édifices protégés par des circonstances spéciales ont seuls survécu.

J'ai observé des fortifications bien conservées sur trois points seulement, tous les trois à l'occident de Minorque : Santa-Rosa, et Son-Carlá, localités très rapprochées au sud de Ciudadela, à moitié chemin de la mer, et Torre-Llafuda, à l'est de la même ville.

LES MURAILLES

Ces enceintes, comme celles que j'ai vues dans Mayorque, sont construites avec des blocs énormes, bruts et irréguliers, juxtaposés et superposés avec soin, mais sans aucun équarrissage préalable. Généralement il y a au niveau du sol une assise établie avec des pierres posées à plat : c'est sur ce lit que reposent et se dressent, debout et bien calés, les grands rochers qui forment la base et en réalité la plus forte partie de la muraille. Ils supportent à leur tour des pierres moins volumineuses ; à Son-Carlá il y a un bloc de trois mètres sur trois, et bien d'autres à peine moins volumineux.

L'appareil du mur à l'intérieur n'a rien de cette allure cyclopéenne. Il est constitué par des assises horizontales et assez minces de dalles (de 0^m,40 sur 0^m,26 en moyenne) superposées à plat. La largeur varie : à la Vela-de-Son-Heroued elle n'est que de 3 mètres ; elle atteint 4 mètres à Son-Carlá, à Santa-Rosa et à Torre-Llafuda. Il ne me paraît pas possible d'indiquer la hauteur primitive de ces murs : ils arrivent encore sur certains points à 5 mètres.

Les murailles ont des directions variées ; elles forment généralement des lignes droites et brisées, dont les tracés ci-joints, approximatifs, car je les ai relevés seulement à la boussole, peuvent donner une idée (fig. 1 à 3).

A Son-Carlá par exception, des tours flanquent la muraille ; elles sont formées par des constructions massives, pleines, de 6 mètres de longueur sur 2 mètres de largeur. L'une d'elles est aux environs immédiats de l'une des portes (fig. 2, G.). Mais il est visible, sur la photographie elle-même, qu'elles n'ont rien de com-

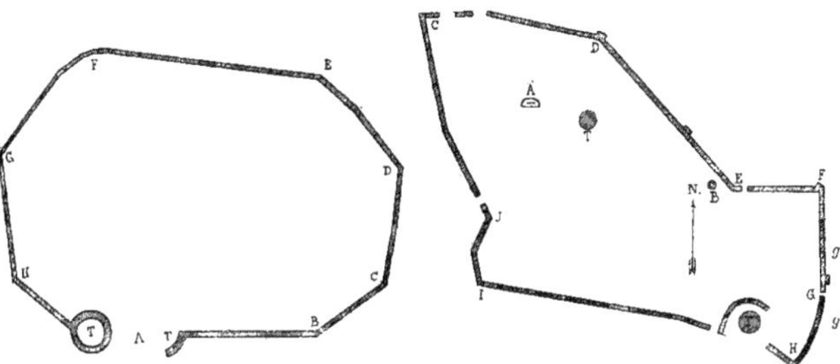

Fig. 1. — Enceinte de la Vela-de-Son-Heroued, près Felanitx, Mayorque. Éch. 0,05 p. 1 mètre.

La partie extérieure de TB est photog. sur la pl. XXXVIII.

Fig. 2. — Enceinte de Son-Carlà, Minorque. Échelle 0,0025 p. 1 mètre.

La partie extérieure *gg'* est photog. sur la pl. XI.

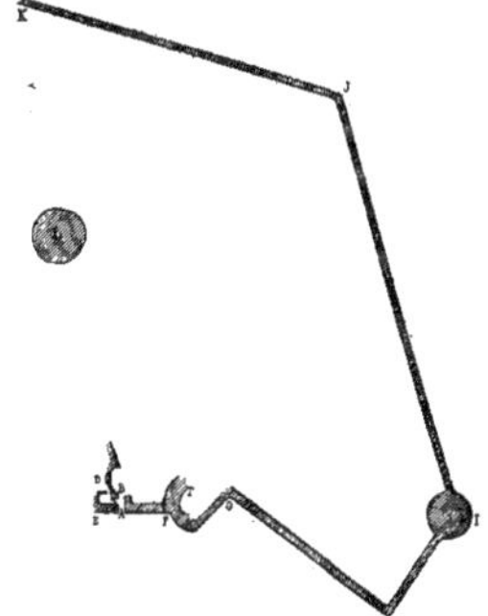

Fig. 3. — Enceinte de Santa-Rosa, Minorque. Échelle 0,0025 p. 1 mètre.

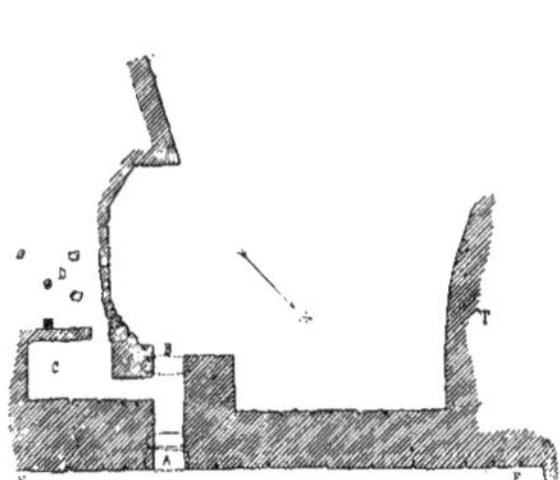

Fig. 4. — Porte d'entrée de l'enceinte de Santa-Rosa.

La partie EF est photographiée sur la pl. I.

mun avec l'appareil cyclopéen et primitif de la muraille : leurs blocs sont menus. Leur date est probablement plus récente, sans qu'on puisse, bien entendu, la fixer.

Mais cela suffit pour nous indiquer que les villes n'ont pas eu une existence éphémère, et que les causes qui avaient exigé leur fortification primitive existèrent encore longtemps après.

Les portes qui les traversent sont très bien indiquées sur mes photographies I, II, et l'une, à Santa-Rosa (pl. I), est encore praticable : haute de deux mètres et large de près de un, elle est accompagnée, en dedans du mur, de certaines constructions qui semblent véritablement avoir joué le rôle de corps-de-garde, (voir fig. ACB du plan, fig. 3 et 4). A Son-Carlá, deux portes sont visibles; mais là aussi l'enceinte étant coupée sur plusieurs points, nous ne pouvons pas savoir s'il y en avait d'autres et combien. Dans l'enceinte de Torre Llafuda une porte est très bien conservée : c'est celle qu'on voit à gauche sur ma photographie; elle est remarquable par la dalle énorme qui forme son linteau. Elle est obstruée; mais à quelques mètres de distance, à droite, on franchit actuellement le mur par une poterne étroite, également visible sur la photographie (pl. VI, A) et dont l'antiquité ne m'a point paru démontrée.

LES CONSTRUCTIONS A L'INTÉRIEUR, CAVES MÉGALITHIQUES, ÉDIFICE PRINCIPAL

Franchissons l'enceinte. Entrons en ville. Les ruines sont étalées de tous côtés.

Aucune voie principale ne se montre. Il semble que l'on communiquait d'une habitation à l'autre par des passages intérieurs. Les gens ont construit comme si l'espace était rare, comme si aucun chariot, aucune bête de somme ou de trait ne devait pénétrer avec eux. Toutes les autres villes m'ont fait à peu près la même impression. C'est seulement à Son-Carlá qu'il paraît possible de discerner une sorte de place longue ou d'avenue au centre même de l'agglomération.

Les édifices sont variés, la plupart carrés, ou plutôt rectangulaires, aux angles quelquefois arrondis. Ils se distinguent encore nettement. Des pans de murs émergent, de plusieurs pieds quelquefois, au-dessus des éboulis formés par la chute de la partie supérieure et de la toiture mégalithique des constructions. Ces cases ne paraissent jamais avoir eu de second étage; leurs dimensions varient de 3 à 8 mètres. Des séries entières sont juxtaposées, et constituent comme un gigantesque damier. Çà et là les portes de communication sont intactes, et supportent sur leurs montants peu écartés ($0^m,80$ en général) un volumineux linteau, sous lequel on passe debout.

Les murailles de ces édifices sont formées d'assises inégales de pierres posées à plat ; celles de l'extérieur sont plus grosses que celles de l'intérieur (pl. VI, B). Souvent la base est constituée à l'extérieur par une rangée de dalles placées sur champ. Celles-ci ont près de un mètre de hauteur ; l'ajustement entre elles et avec les pierres qui les surmontent et qui continuent la façade est très soigné. Çà et là une pierre est entaillée à angle droit, et dans cette mortaise vient se loger la pierre voisine, comme on le voit sur la planche XLII.

Nulle part je n'ai vu l'assemblage polygonal régulier.

Mais j'insisterai tout à l'heure sur diverses catégories de monuments principaux et sur les traits différentiels de leur construction.

Les édifices dont je viens de parler ne sont pas les plus nombreux : d'autres dominent qui sont moins visibles au premier abord et d'un caractère barbare et primitif. C'est seulement après avoir fréquenté les ruines qu'on les découvre et qu'on en saisit l'importance. Ce sont des galeries surbaissées, des caves qui passent sous les autres édifices, les entourent ; qui suivent partout les ondulations du terrain et couvrent de vastes surfaces. Quand on parcourt la ville, on les foule aux pieds sans les reconnaître ; mais souvent un pilier s'est renversé, une dalle a cédé, un trou est béant. On peut descendre et circuler péniblement, mais non sans danger d'être écrasé ou cerné dans les galeries qui tiennent encore debout, mais qu'un choc léger pourrait ébranler.

Ce sont, je le répète, de véritables caves, faites sans aucun plan, fabriquées presque toutes avec de grands blocs plats, longs et bruts. Le sol a été nettoyé, approfondi, nivelé. De deux en deux mètres environ on a dressé des piliers soit monolithes, soit de pierres superposées. Ces supports, étroits à leur base, plus larges au sommet, n'ont presque jamais hauteur d'homme. Sur eux reposent les bouts des grandes dalles du plafond (pl. IX).

De faibles portions de ces habitations semi-souterraines avaient été observées par mes devanciers, qui avaient cru à l'existence de monuments spéciaux et isolés. J'ai constaté leur étendue, leur généralité. Si ce sont des habitations, elles sont les plus nombreuses, celles des humbles et des pauvres gens, tandis que les autres que nous avons signalées tout à l'heure, et qui les dominent, étaient réservées aux riches et aux puissants.

J'ai dû me demander cependant si ce n'étaient pas des bergeries, et alors s'expliquerait leur faible élévation, 1m,50 à 1m,80, en moyenne. Des chèvres, des moutons, des porcs, auraient pu y être entassés aux jours de danger. Mais je ne soutiendrai pas cette hypothèse, bien que je n'aie pas un fait positif à présenter contre elle,

Ces caves sont, ce me semble, trop nombreuses pour un tel usage ; elles constituent, je le répète, la majeure partie des édifices des villes ; elles se relient par des transitions insensibles aux autres demeures.

Les plans de plusieurs portions de ces caves (fig. 5 à 9) permettent de saisir l'agencement de leurs piliers de soutènement et de leur voûte. On remarquera que la roche entaillée a formé à l'occasion les parois verticales (fig. 6). Je signalerai

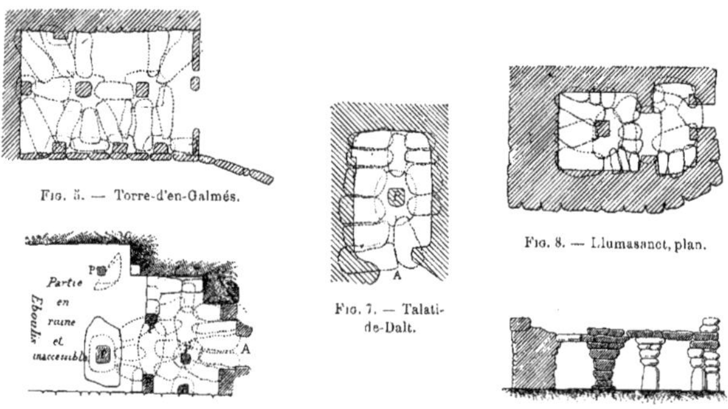

Fig. 5. — Torre-d'en-Galmés.

Fig. 6. — Torrauba-de-Salort.

Fig. 7. — Talati-de-Dalt.

Fig. 8. — Llumasanet, plan.

Fig. 9. — Llumasanet, coupe.

Les Covas ou habitations mégalithiques de Minorque. Échelle 0,005m p. 1m,00 ou $\frac{1}{200}$.

plus loin (fig. 16, E, CD) des édifices semblables en connexion avec un des grands monuments de Torre-d'en-Galmés. Il m'eût été facile de multiplier ces plans, mais sans aucune utilité, puisque la disposition générale de ces monuments est presque toujours irrégulière, ayant dû se plier à toutes les exigences du sol, des constructions voisines et des matériaux eux-mêmes[1].

Il en est tout autrement pour deux autres catégories d'édifices qui s'observent dans chaque ville, et que les antiquaires avaient depuis longtemps signalés, les uns sous le nom populaire de *Talayót,* et les autres sous la dénomination savante et erronée d'*Altar* ou plus rarement sous celle de *Taula.*

Altar veut dire autel. On expliquait en effet ainsi ces monolithes énormes

1. Ces Covas sont analogues aux cités souterraines fort curieuses qu'on a signalées dans le Puy-de-Dôme, dans le Cantal et dans la Lozère. J'ai visité celles-ci et puis garantir la ressemblance pour le détail de la construction et pour l'ensemble.

posés l'un sur l'autre en forme de T, et les piliers que l'on trouve généralement autour d'eux étaient considérés comme un cercle de pierres sacrées : on avait dans cette voie et sur ce thème brodé plus d'une théorie. (Voir ci-dessus, p. 4.)

En arrivant à Minorque, je n'avais pas d'autre idée. Mais, après avoir étudié un certain nombre de ces monuments, après avoir dressé un plan détaillé de tout ce qui les avoisinait et comparé leurs plans, je compris qu'on avait fait fausse route et qu'ils avaient une tout autre destination.

Ce monument se rencontre dans plusieurs villes, dans les mieux comme dans

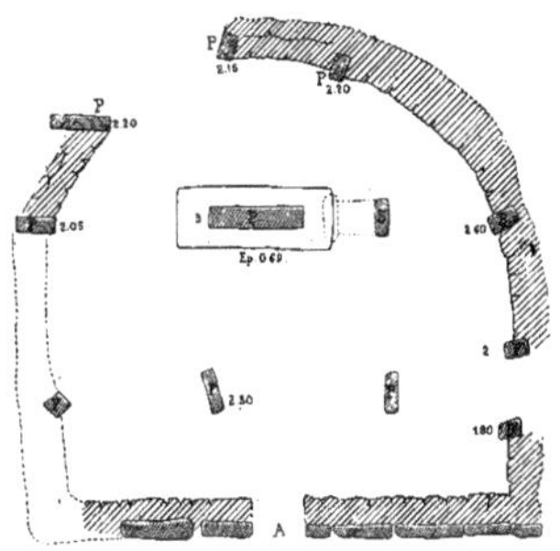

Fig. 10. — Plan du monument principal de Talati-de-Dalt. (Pl. XIII et XIV.)

A, entrée actuelle ; P, piliers de la voûte ; S, base du support annexe du pilier central. Échelle 0,003 p. 1,00.

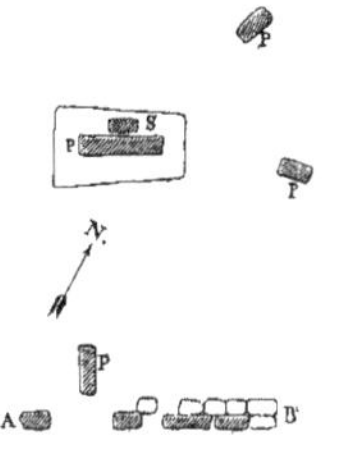

Fig. 11. — Ruines du monument principal de Torre-Trencada. (Pl. XXIV et XXV.)

AB, façade ; PP, piliers des murs et de la voûte ; S, support annexe de la dalle centrale de la voûte. Échelle 0,005 p. 1,00.

les moins conservées, et *il ne s'y montre qu'une fois*. Les tours à part, c'est l'édifice le plus notable par l'ampleur de ses proportions, le volume et le travail de ses matériaux, l'originalité et la constance de son plan, l'excellence de sa situation.

Il a la forme d'un hémicycle. Sa façade rectiligne occupe le diamètre. Elle est dégagée de toute autre construction parasite ou annexe, ce qui n'est pas le cas pour les trois autres côtés. Elle est formée tantôt par un mur ordinaire, tantôt par de grandes dalles dressées et alignées avec soin.

Cette ligne de façade n'est pas continue : le mur a des lacunes ; des dalles manquent. Il semble qu'il y ait eu là une ou deux portes à peu près symétriques. Mais nous n'avons pas pu discerner ce qui, dans ces lacunes, revient soit aux aménagements primitifs, soit aux altérations accomplies depuis des siècles par les habitants successifs de la contrée.

Les angles sont particulièrement établis avec soin ; leur maçonnerie a mieux duré que celle du reste de la muraille. Celle-ci, le long de la courbe, est tantôt ordinaire, avec des assises plus massives en dehors qu'en dedans, tantôt garnie à la base par une rangée de gros blocs debout qui ont la moitié de son épaisseur : ces blocs offrent parfois des mortaises où se logent exactement les pierres moins volumineuses de la partie supérieure du mur.

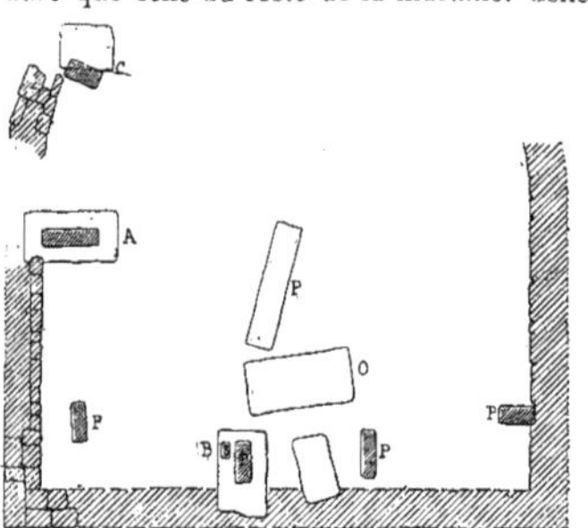

Fig. 12. — Plan du monument de Torre-Llafuda. (Pl. XXVII.)

PP, piliers encore debout ou renversés ; O, pierre centrale de la voûte tombée sur le sol ; AB, piliers des murs supportant encore leur couverture ; C, dalle de la voûte fracturée sur un pilier ; S, support annexe du pilier. Échelle 0,005 p. 1 mètre.

De distance en distance de forts piliers monolithes sont adossés à la muraille, ou même enchâssés dans sa masse ; ils figurent assez bien, par la direction de leur axe longitudinal, les rayons de l'hémicycle, surtout à Binimaimút.

Il est facile de reconnaître que le mur arrivait autrefois jusqu'au sommet des piliers les plus élevés, et, sur de rares points, ce mur, encore intact, a conservé les premières dalles horizontales, qui, se recouvrant et avançant l'une sur l'autre, formaient la voûte par encorbellement.

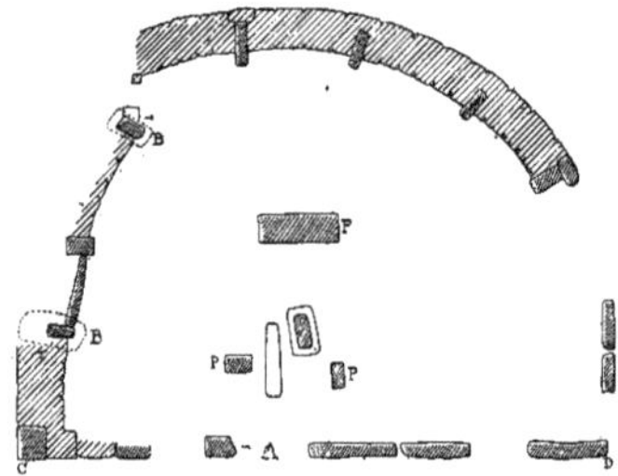

Fig. 13. — Plan du monument de Binimaimút. (Pl. XXVI.)

A, entrée, PP, piliers ; BB, piliers encore recouverts de leur couverture ; CD, façade de dalles debout. Échelle 0,005 p. 1 mètre.

Au centre de l'hémicycle est une colonne plus volumineuse et plus haute que toutes les autres, pénétrant profondément dans le sol, et destinée à supporter une grosse dalle rectangulaire. Les deux pierres sont travaillées avec soin sur toutes leurs faces. Quelquefois, pour mieux consolider cet assemblage en forme de **T**, la base de la pierre horizontale a été creusée d'une gaine ayant exactement les dimensions du sommet du support, qui pénètre ainsi de plusieurs centimètres dans la masse de son chapeau (à Torre-Llafuda). Dans un autre monument, à Torrauba-de-Salort, en taillant la dalle dressée, on lui a laissé une plus grande épaisseur au milieu et de haut en bas. Ailleurs, à Talatí-de-Dalt et à Torre-Trencada, le bloc horizontal est arc-bouté par une colonne additionnelle mise au point qui devait porter le plus grand poids. Le chapiteau, malgré son ampleur, étant très stable sans leur secours, ces contreforts n'auraient aucune raison d'être s'il n'y avait pas eu de toiture à la construction.

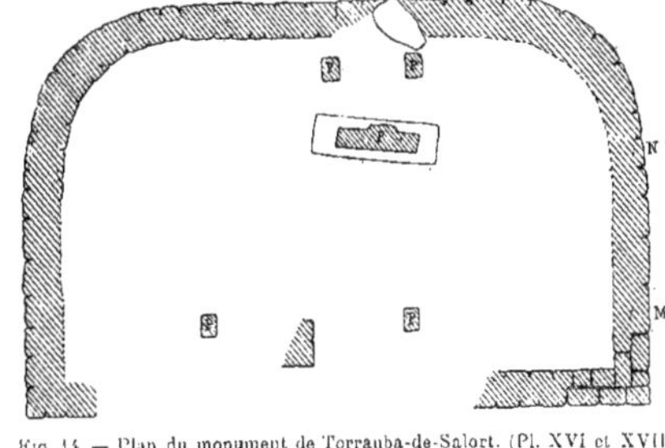

Fig. 14. — Plan du monument de Torrauba-de-Salort. (Pl. XVI et XVII. Échelle 0,005 mètres pour 1 mètre, soit $\frac{1}{200}$.

A Torre-Llafuda, par exception unique mais démonstrative, ce **T** est rejeté sur le côté : c'est un des piliers flanqués dans le mur circulaire. Un support de la façade atteint presque le même volume, et soutient un bloc presque aussi gros (fig. 12).

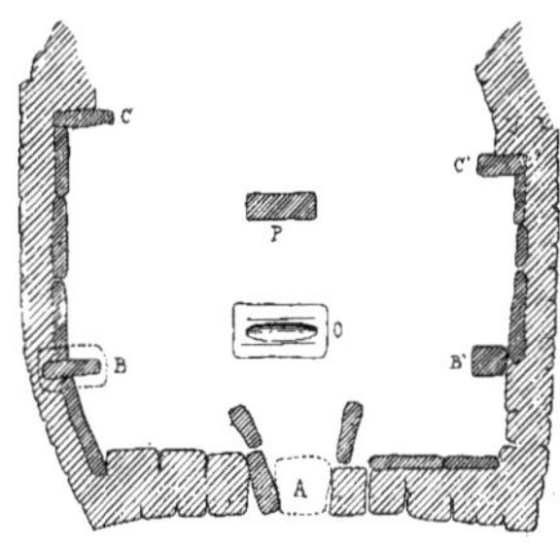

Fig. 15. — Plan du monument principal de Torre-d'en-Galmés au $\frac{1}{200}$. (Pl. XVIII et XIX.)
A, entrée; B, C, piliers des murs; P, pilier central; O, chapiteau du pilier central transformé en tombeau.

La solidité de cette colonne n'était pourtant pas à l'abri des accidents. La chute partielle de la voûte a pu rompre l'équilibre, faire peser sur un angle du chapiteau un poids non balancé, et entraîner la chute du bloc.

Les bergers désœuvrés et les ouvriers maçons comptent certainement aussi parmi les auteurs de ces dégradations. A Binimaimút, le pilier lui-même porte des traces de l'exploitation par un carrier (pl. XXII) ; à Benicodréll, à Torre-d'en-Galmés, à Son-Carlá, le chapiteau gît au pied de son support parmi les longues dalles de la voûte écroulée (pl. XIX, c ; pl. XXI, a).

Lorsque la distance entre le pilier central et ceux du pourtour était trop considérable pour la grandeur des dalles dont on disposait, on avait recours à des supports intermédiaires, qui sont encore visibles, soit debout, soit renversés. En outre de ces monolithes, qui se reconnaissent au milieu des éboulis, grâce à leurs dimensions excessives et à la taille soignée de leurs faces, il pouvait y avoir des piliers en plusieurs pièces, dont les pierres superposées ont sans doute cédé sous le poids de la voûte, entraînant ainsi la ruine de la construction.

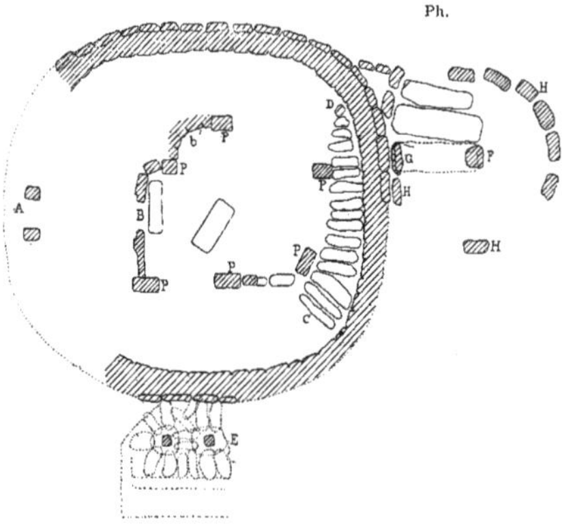

Ces colonnes ainsi coiffées ont naturellement attiré l'attention du peuple. Les passants profitent de la mollesse de la pierre pour y graver leurs noms, surtout à Benicodréll et à Trapucó. Mais, dans l'esprit, strictement catholique aujourd'hui, des habitants, aucune tradition n'a duré, aucune légende n'a surgi. L'indifférence pour ces vieux débris d'un passé si curieux est complète dans toutes les classes de la population, et en dépit des louables efforts d'un très petit groupe d'artistes, d'archéologues et d'ingénieurs.

Fig. 16. — Les monuments circulaires de Torre-d'en-Galmés. (Pl. X et XI.)

A, entrée; B, seconde entrée; PPP, piliers de soutenement; *b'*, muraille très bien établie entre deux piliers monolithes; C-D, plafond d'une cova inférieure; E, entrée d'une cova adjacente; G, F, pierre du plafond encore en place; HHH, piliers formés par des dalles debout. Échelle 0.005 p. 1 mètre.

Qu'était ce monument singulier que j'ai retrouvé dix fois à Minorque, aux localités dites Son-Carlá (phot. XX et XXI), Torre-Trencada (fig. 6 et phot. XXIV et XXV), Torre-Llafuda (fig. 12 et phot. XXVII), Benicodréll-de-Baix, Torrauba-de-Salort (fig. 14 et phot. XVI et XVII), Torre-d'en-Galmés (fig. 15 et phot. XVIII et XIX), Trapucó (phot. XII), Talatí-de-Dalt (fig. 10 et phot. XIII et XIV), Binimaimút (fig. 13 et phot. XXVI), Sa Torreta? Était-ce un temple? un palais, d'une splendeur relative et modeste bien entendu? Je l'ignore, et je me contente d'insister sur la fixité du plan.

J'ai rencontré à Torre-d'en-Galmés un édifice au moins aussi considérable mais d'un plan différent : il est rond; le grand pilier central fait défaut; de plus petits sont encore intacts; il y a des restes bien visibles de murs intérieurs à peu près concentriques à l'enceinte, une porte basse, un vestibule, et, au dedans ou au dehors, des caves mégalithiques qui longent le mur et s'appuient sur ses assises inférieures (pl. X et XI et fig. 16).

De curieuses constructions confinent à ce monument. L'une d'elles, circulaire, ayant un pilier unique au centre, a conservé en place une des pierres de sa couverture; les autres, à leur rang, gisent au pied des piliers. Cette ruine a de loin, et notamment sur ma photographie, une certaine ressemblance avec un dolmen en partie démoli; mais, en réalité, c'est tout autre chose; on en jugera d'après la vue photographique (pl. X) et d'après le plan (fig. 16, FGH).

Je n'ai rien vu dans les Baléares, je dois le dire à cette occasion, qui soit analogue aux dolmens soit de France, soit des autres pays.

LES TOURS OU TALAYÒTS

Le nom que les habitants donnent à ces monuments est dérivé de celui d'*Atalaya* en castillan ou de *Talaya* en minorquin, par lequel on désigne les tours à signaux si communes sur les côtes des îles Baléares, et qui, après avoir servi jusqu'en 1830 à surveiller les descentes de pirates, furent utilisées comme télégraphes aériens. Atalaya est un mot arabe ou dérivé d'un mot arabe qui veut dire « vigie ».

Les talayots sont des constructions en forme de tour, légèrement coniques, rondes et quelquefois carrées. Aucune d'elles n'est absolument intacte. Le sommet présente toujours un certain bouleversement qui ne permet pas de reconnaître l'état primitif. Était-ce une plate-forme ou une sorte de dôme? Je ne le sais. J'ai pourtant observé à Torrauba-de-Salort un détail qui doit avoir à cet égard une certaine importance. La tour est des plus hautes. Au sommet et à deux pas du centre gît une grande pierre de plus d'un mètre de diamètre (1^{m},25) en forme de champignon épais, assez bien circulaire, plate d'un côté, et ayant de l'autre un large mamelon en saillie. Il serait possible que ce bloc eût couronné jadis le point culminant de l'édifice.

Les plus grands talayots que j'ai visités sont ceux de Morèll près la baie d'Alcudia (Mayorque) et de Torre-Llafuda (Minorque). Ils ont près de 16 mètres de diamètre à la base et 14 au sommet; beaucoup d'autres ont des proportions analogues. La hauteur du second est de 12 mètres. Les talayots entiers de Sant-Agustí et de Torre-Nova, celui-ci a même deux étages, n'ont que 6 mètres de haut. Bien rares sont ceux qui dépassent cette élévation.

Les blocs qui les composent sont tantôt bruts, simplement choisis, tantôt épannelés, ou même, dans certains cas, complètement taillés. Dans le talayot de Benicodréll, les pierres ont une régularité parfaite; elles sont tout à fait ajustées, et témoignent d'un art perfectionné. Dans le talayot de Torelló, la partie supérieure est presque aussi bien soignée; elle contraste avec la partie inférieure, grossière et primitive. On doit admettre que la tour dans son ensemble date de deux époques, et le simple

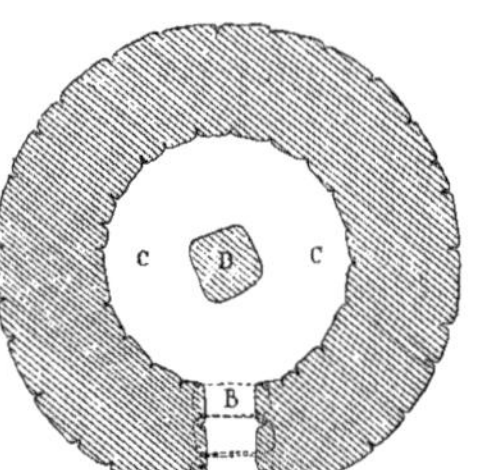

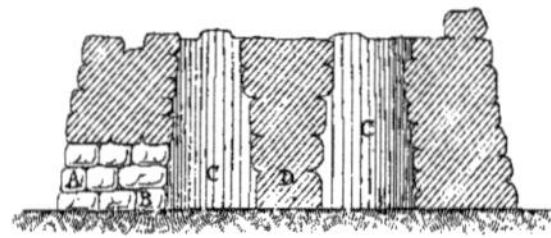

Fig. 17. — Talayot de Sa-Aguila, près Capecorp-vell, Mayorque. Échelle 0,005 p. 1 mètre.
AB, galerie d'entree; D, pilier central; CC, crypte intérieure.

examen de mes photographies (pl. XXXVIII et XXXIX) permet de distinguer les eux constructions.

Les blocs ne sont jamais dressés en hauteur, mis sur champ, comme il arrive dans les autres monuments : ils sont toujours à plat, ce qui assurait une plus grande solidité. Les murs ont une épaisseur étonnante : les constructeurs ne reculaient pas devant un travail formidable. Les blocs atteignent en effet souvent un gros volume : 2 et 3 mètres cubes, et ceux-là sont parfois placés dans les rangs supérieurs.

La construction est formée par une série d'assises assez régulièrement superposées, et qui étaient sans doute entièrement construites l'une après l'autre. La largeur de la muraille permettait de peser sur elle sans crainte de l'ébranler, et de charrier par-dessus les larges dalles destinées à former le plafond des chambres intérieures.

Quelquefois les matériaux employés étaient facilement attaqués par les agents atmosphériques, et alors des monuments très voisins, tels que ceux de Moréll (pl. XXVIII et XXX), offrent des aspects tout différents : l'un a gardé ses parois intactes, l'autre n'est plus qu'un amas carré de blocs bouleversés. Une de mes photographies (pl. XXXI) montre le talayot de Son-Oliver, Mayorque, dont les pierres s'effritent et tombent en poussière.

La plupart des talayots renferment une simple chambre, d'autres ont des cavités plus compliquées.

Les parois de ces cryptes intérieures ne sont plus bâties avec des blocs volumineux : leur appareil est de dimension beaucoup plus modeste. Grâce à l'état de ruine de ces monuments, j'ai pu photographier l'intérieur de celui de Moréll (pl. XXIX) et de celui

Fig. 18. — Talayot de Sant-Agusti, près Alayor, Minorque. Échelle 0,005 p. 1 mètre.
AB, entrée ; FED, piliers de la voûte ; CC, crypte, 4, 5, 6 ; poutres en bois de lentisque contribuant à supporter la voûte.

de Cañamel près Artá (pl. XXXIV). Les pierres empiètent l'une sur l'autre et surplombent peu à peu, comme pour former une voûte ; mais jamais la voûte n'est terminée suivant ce système qui est, dit-on, la règle pour les Nuraghes de Sardaigne. Les murs étaient encore éloignés l'un de l'autre, le vide était encore grand lorsque les constructeurs posaient de larges dalles en guise de plafond, et clôturaient la chambre.

Si la chambre était vaste, on plaçait au centre un pilier fait avec de gros blocs superposés : trois ou quatre énormes rondelles suffisaient pour former une colonne de soutènement dont le sommet supportait une série de dalles rayonnant sans symétrie. C'est ce qui existait à Moréll. Sur la photographie, en A, se voient les deux blocs les plus élevés de la colonne. C'est ce que j'ai vu aussi dans un talayot de la marine de Llumayor (fig. 17). Quand un seul pilier paraissait insuffisant, on en construisait deux et même trois. C'est le cas du talayot de Sant-Agustí, dont la conservation, à l'intérieur, est parfaite (fig. 18).

Il est arrivé fréquemment que l'on a considéré un talayot comme une carrière de pierre à bâtir, et on a été déterminé par sa présence pour le choix de l'emplacement d'une métairie à construire. Celle-ci s'est élevée, et le talayot a disparu. Ses traces existent parfois. Non loin de Montuiri, Mayorque, au pied de la métairie de Son-Sabo, il ne reste que deux ou trois blocs des murailles, mais le pilier est encore debout (pl. XXXVII). Sur le coteau immédiatement voisin, il y a encore un grand cercle de pierres au niveau du sol : c'est la rangée extérieure des blocs du soubassement; au centre, on voit aussi la base de la colonne. Il y avait là un groupe de talayots. Un d'entre eux, le plus petit, a été transformé en four à chaux, peut-être dès l'époque romaine, dont les vestiges se rencontrent aux abords. « Le four à chaux, me disait un membre de la Société archéologique Luliana, est véritablement le grand mangeur de nos talayots[1]. » Tous ceux de Palma, quinze ou vingt, ont disparu grâce à lui.

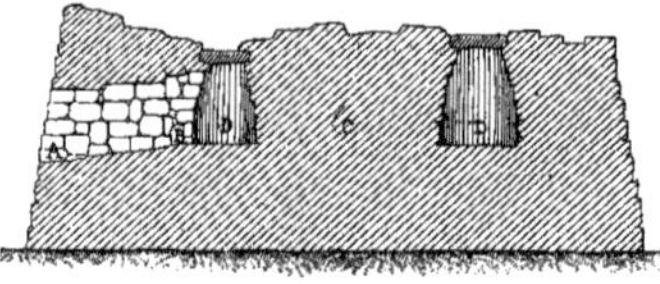

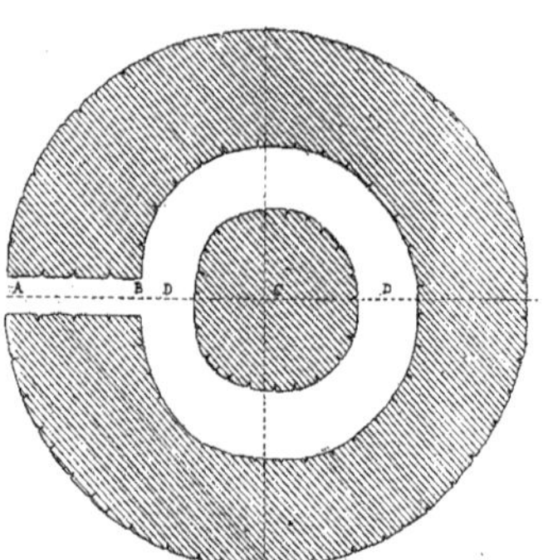

FIG. 19. — Talayot de l'Hostal près Ciudadela.
Échelle 0,005 p. 1 mètre, soit $\frac{1}{200}$.

Les chambres même avec plusieurs piliers n'ont pas une grande surface. Celle de Sant-Agustí a bien sept mètres sur six. Mais elle est circulaire, et il faut en outre défalquer l'espace occupé par les piliers. La courbe des parois commence en général à deux mètres de hauteur; sur quelques points

1. Peut-être les talayots de Minorque sont-ils mieux conservés et plus nombreux parce que leurs pierres donnent une chaux de très mauvaise qualité, dédaignée par les maçons.

au niveau du sol. Au demeurant, c'est un faible cube que l'homme pouvait utiliser. Résultat bien modeste pour un si long travail!

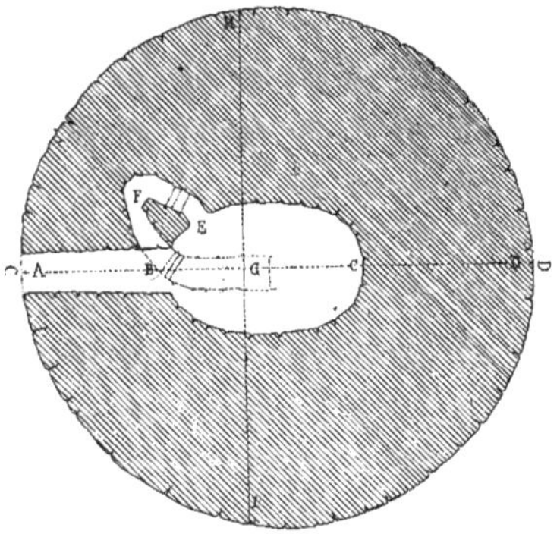

Fig. 20. — Talayot de Torre-Nova-de-Lozano près Ciudadela. Échelle 0,005 p. 1 mètre. (Pl XXXV.)
AB, entrée; BC, crypte; E', entrée du passage mural; FG, crypte supérieure

Lorsque le pilier central est formé par une maçonnerie volumineuse comme à l'Hostal, la cavité est réduite à un couloir circulaire de un à deux mètres de large sur vingt de long et deux de haut. J'ai examiné ce monument avec une attention suffisante pour pouvoir affirmer que cette galerie ne donne accès à aucune crypte et ne conduit pas à un étage supérieur : c'est pour elle seule qu'on avait construit le talayot.

Celui de Torre-Nova-de-Lozano présente au contraire deux cavités superposées, mais de proportions très inégales. L'inférieure est une chambre ovale de quatre mètres sur six. Quand on y pénètre, on voit, à gauche, dans la paroi, au-dessus du sol, une ouverture qui paraît être d'abord une fenêtre obstruée. Nullement! c'est l'entrée d'un passage ménagé dans le mur et ascendant. On le franchit tantôt à genoux, tantôt en rampant; il est douteux qu'il fût autrefois beaucoup plus praticable. Ce couloir, à deux mètres de son entrée, tourne brusquement et vous conduit sur les dalles qui constituent le plafond de la salle inférieure; là il s'élargit en hauteur, et, quatre pas plus loin, il est clôturé par la maçonnerie. L'état de ruine de la façade du talayot ne me permet pas d'affirmer qu'il y avait au-dessus de la porte d'entrée une ouverture donnant du jour à cette petite cellule supérieure. J'attribuerai cependant volontiers à la rupture du linteau ou des montants de cette fenêtre la chute de cette partie de l'édifice. (Fig. 20.)

Je n'ai pas constaté ici, comme à Torelló, des traces d'un remaniement de la construction, d'une addition correspondant au second étage. Au contraire, l'édifice a été fait tel quel tout d'abord, et on comprend ici l'utilité de l'épaisseur du mur dans lequel on devait établir un passage.

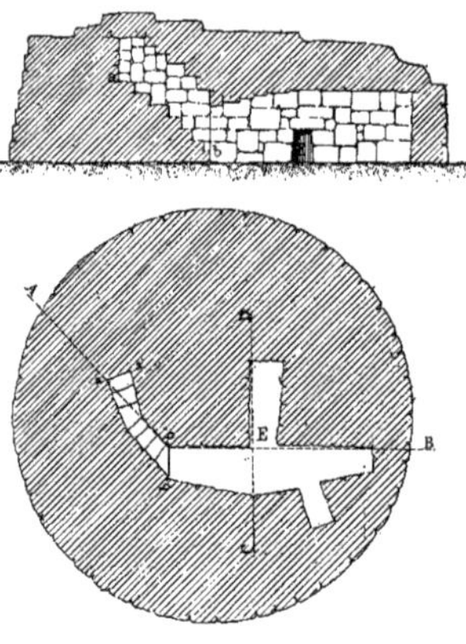

Fig. 21. — Talayot de Fontsredonas.
D'après un dessin de M. J. Pons y Soler. Gr. $\frac{1}{300}$.

D'autres talayots avaient de tels conduits; mais les éboulements ont été, semble-t-il, facilités par l'existence de ces vides, et on ne peut pas donner une restitution même approximative du monument complet. Un talayot très voisin de la ferme de Biniatzem est dans ces conditions. A sa base, une entrée remaniée donne accès à un corridor courbe et large de 0m,90, dont les parois sont dressées sans soin. Le long, le sol est d'abord horizontal, puis s'élève par des escaliers successifs et réguliers. Le plafond, formé par des dalles transversales, est seulement à un mètre de hauteur sur le seuil; il s'élève immédiatement à 1m,30 et à 1m,40 au-dessus de la première marche. Il se maintient à cette distance jusqu'au bout de l'escalier, où il redescend à un mètre. A la sortie, on se trouve sur la plate-forme actuelle du talayot.

Son voisin, dit Pou-de-Torn, possède une galerie transversale, mais horizontale, où l'on ne peut plus pénétrer et dont les extrémités sont méconnaissables.

Plusieurs talayots enfin ont des cavités irrégulières bizarres; on trouvera ici le plan de l'un d'eux, très exactement dressé par M. J. Pons y Soler. (Fig. 21.)

J'ai vu un assez grand nombre d'entrées de talayots pour pouvoir assurer qu'elles se ressemblent toutes et que celle de notre pl. XXXVI donne une idée parfaite du type ordinaire. Ces ouvertures, encadrées par de très gros blocs, ont généralement une élévation suffisante pour donner passage à un homme debout ou légèrement courbé. Aucune trace de fermeture ne se montre, aucun travail n'a régularisé les pierres bien choisies qui forment le couloir à travers le mur épais.

Mais le plus souvent l'entrée est inaccessible : elle est cachée sous les éboulis entassés au pied du talayot, formés par les blocs descendus du sommet et mêlés aux ruines des constructions adjacentes. Il faudrait, pour la retrouver, enlever ce talus ; et peut-être, après avoir accompli à grands frais un gros travail, ne rencontrerait-on qu'une porte écroulée, tellement obstruée qu'il faudrait renoncer à tenter le déblaiement.

Les talayots que les cultivateurs et les ouvriers ont entamés formaient tous des masses compactes et chaotiques. Si à mes observations personnelles j'ajoute celles des témoins de ces destructions anciennes, je puis assurer qu'ils étaient depuis longtemps désorganisés. C'est justement le propre de ce genre de construction que les grands blocs extérieurs et supérieurs surtout, pesant de tout leur poids sur les murs intérieurs, augmentent l'intensité de l'ébranlement qui vient à se produire sur un point, et précipitent alors la chute des voûtes et l'écrasement des galeries.

Les murs intérieurs étaient, comme je l'ai dit, assez mal soignés, et leurs matériaux étaient de taille relativement menue.

J'ai rencontré plusieurs talayots qui présentaient une particularité curieuse et bien embarrassante au premier abord : ils semblaient avoir été augmentés régulièrement de tous côtés. On constate en effet une masse intérieure bien délimitée, aux parois bien dressées, et tout autour l'addition d'un mur circulaire de quatre mètres d'épaisseur. J'aurais admis volontiers que la construction primitive avait paru insolide, et qu'on avait jugé utile de prévenir sa chute en la revêtant d'une chape bâtie en plus gros blocs et d'une solidité définitive. C'est l'hypothèse qui paraissait la plus logique en face des talayots de Benicodréll-Nou, de Sant-Agustí, de Son-Moréll-de-Baix (Minorque). Mais, après avoir étudié celui de l'Hostal et tant d'autres, j'ai pensé plus probable qu'il avait existé autrefois une galerie intérieure circulaire, étroite, dont la partie supérieure et la paroi excentrique ont disparu. Si l'on regarde ma phot. pl. XL, on verra l'un de mes guides à la place même qu'occupait la galerie, et le chien est probablement au niveau du plafond disparu. Que le lecteur remette sous ses yeux le plan du talayot de l'Hostal (fig. 19), et il comprendra la vraisemblance de mon explication.

On avait supposé, et c'est surtout le talayot de Benicodréll-Nou qui donnait une base à cette opinion, que des talayots avaient des rampes extérieures donnant le moyen d'arriver aisément sur leur sommet, sur leur plate-forme. Or, je n'hésite pas à refuser absolument cette assertion. La rampe du talayot de Benicodréll-Nou et autres n'ont aucun caractère d'ancienneté. Elles sont faites avec des blocs éboulés; elles ont été rendues possibles par la ruine partielle du monument. Encore aujourd'hui des campagnards transforment leur talayot en un belvédère, en un mirador ; on facilite la montée par des rampes ou par des escaliers. Il en était de même dans les siècles passés.

Voilà tout ce que j'ai pu apprendre sur les talayots : ce sont des édifices qui, dans un cube formidable de matériaux parfois très volumineux, offrent des cryptes toujours exiguës et de formes assez variées ; la porte est presque toujours au niveau du sol, rarement plus haut. Un petit nombre avait deux étages. L'étage supérieur, sauf dans un seul cas, est tellement démoli qu'on peut le déclarer inconnu. On ne sait si la grande ouverture que l'on observe à la hauteur du second étage, dans deux ou trois talayots, est une fenêtre ou une porte à laquelle on serait parvenu au moyen d'échelle, bien que l'escalade à l'aide des pieds et des mains seulement ne soit nulle part difficile.

Étudions maintenant la situation des talayots. Dans la ville de l'Hostal, nous en voyons trois placés en triangle, et nous pouvons penser qu'il n'y en eut pas d'autres. Ils paraissent à peu près à la limite des constructions. Je dis ils paraissent, car je ne suis pas certain que l'agriculture n'ait beaucoup réduit la cité, dont aucune muraille ne vient préciser le pourtour.

A Son-Carlá, il y a deux talayots, et il ne paraît pas que ce nombre ait été jadis supérieur. L'un d'eux est à l'intérieur, vers le milieu de la cité. Le plus volumineux est au sommet de la colline, contre le rempart, auquel il est rattaché par une sorte de mur circulaire qui enveloppe sa base et par d'autres constructions ruinées comme lui.

A Santa-Rosa, on n'en rencontre que deux; mais nous ne connaissons qu'une partie de la ville. Sur l'emplacement de l'autre partie, s'élève une vaste habitation moderne qui pourrait bien avoir absorbé les pierres de plusieurs talayots. Un des trois est au centre de constructions antiques ; un autre est sur le passage du rempart, qui s'interrompt contre lui ; le troisième, qui est douteux et pourrait être un monument d'un autre genre, se voit à droite d'une porte de la ville, intercalé dans la fortification (voir fig. 2).

A Torre-d'en-Galmés, trois talayots se dressent presque contigus au sommet de la colline et par suite au centre de la ville (pl. XXIII).

Ailleurs, dans certaines localités où les ruines abondent, où nous avons retrouvé le plus souvent l'édifice à **T**, où nous avons le droit de voir l'emplacement de centres habités, nous trouvons de semblables petits groupes de talayots, jusqu'à six ou sept, comme à Capecorp-Nou de Mayorque, plus souvent deux ou trois, édifiés à des distances inégales.

Il convient de ne pas exagérer ma pensée, et de ne pas s'imaginer que partout où il y a des talayots il y eut une agglomération de demeures. Il y a des talayots dans toutes les villes incontestables, et il n'y a pas de monument à **T** qui ne soit accompagné d'un ou plusieurs talayots. Mais il est très probable que bon nombre de talayots ont été isolés. C'est ce qui ressort de l'examen même de certaines régions où ils abondent, où il y en a vraiment trop pour qu'on puisse imaginer un réseau de centres habités qui les comprendraient tous.

Serait-il possible que les talayots eussent préexisté à toutes les constructions et qu'ils eussent en partie servi de points de ralliement? Ce serait ainsi qu'on en trouverait un ou plusieurs par hasard dans chaque ville. J'avoue que je n'ai jamais trouvé de *continuité* entre les murs de ces monuments et les autres. Bien au contraire, il y a simplement juxtaposition, quelquefois même un changement d'appareil. L'appareil des talayots est différent de celui des murailles, de celui de la plupart des autres monuments que contiennent les villes. De sorte que cette hypothèse de l'antériorité du talayot serait acceptable, et elle est soutenue par mon savant ami M. F. Cardona. Faudrait-il admettre que le talayot ne cessa pas d'être utilisé aux mêmes usages? On ne sait.

Lorsque j'aurai dit que ces monuments ne sont pas toujours placés sur les points culminants du pays, j'aurai terminé le chapitre qui les concerne. Beaucoup sont sur les hauteurs, et, lorsque le général Ibañez fit la triangulation de l'archipel, il put en prendre plusieurs pour bases de ses opérations. On trouve au sommet des talayots de Torre-Llafuda, de Torelló, etc., les piles de l'éminent géographe. Ces talayots dominent au loin. D'autres, sans avoir une vue aussi étendue, permettent de parcourir d'un regard un territoire riche en ruines antiques. Du haut du talayot de Benicodréll-Nou, j'en ai compté dix-neuf autres. Furent-ils intentionnellement mis ainsi en rapport? Non. Il faut observer que, dans un tel pays, il suffit de s'élever à peine pour agrandir singulièrement l'horizon. Ce qui est certain, c'est que les talayots occupent aussi les dépressions, légères d'ailleurs, de la plaine.

Sommes-nous en mesure de déterminer quelle fut leur destination? Aucun des détails que nous avons relevés n'est significatif ; aucune des hypothèses que l'on a faites ne trouve en eux de confirmation

Nous avons essayé de procéder par élimination, mais nous avons été bien vite aussi embarrassé.

Le talayot n'est pas une forteresse : il n'en a pas les conditions élémentaires. Si plusieurs, grâce à leur état de ruine, pourraient être considérés comme des tours dont la plate-forme était accessible par un escalier intérieur, d'autres suffisamment intacts n'étaient pas bâtis en vue d'une utilisation quelconque de leur sommet, mais simplement en vue de l'établissement d'une crypte intérieure simple ou composée. L'introduction d'un talayot dans le tracé des remparts de Son-Carlá et de Santa-Rosa n'a probablement pas d'autre but que l'économie d'un pan de muraille. Ce serait l'analogue du fait que j'ai constaté plusieurs fois en France, où des dolmens, c'est-à-dire des tombes de la fin de l'âge de la pierre, ont servi à limiter des possessions territoriales, et se trouvent englobés dans les murs mitoyens.

La crypte, quelles que soient ses dispositions, est toujours trop exiguë pour avoir abrité plus d'une famille. Ce n'est pourtant pas une habitation ordinaire, puisqu'on n'en trouve que six ou sept au plus dans les cités les mieux déterminées et les plus considérables.

Est-ce un magasin? Quelle est donc cette chose de si grande valeur, qu'on élevait pour la conserver un tel monument? Nous avons peine à croire que les *trésors*, qui étaient en Orient une illusion des anciens archéologues, soient ici une réalité. D'ailleurs, il y en a trop : trouverait-on dans les deux îles près de 600 talayots debout ou disparus du sol, mais non de la mémoire des habitants? Il y en eut davantage. Si je ne me trompe, on peut dire que les soi-disant trésors de la Grèce n'étaient que des tombeaux. Serait-ce ici le même cas? Il est établi par des observations attentives que le talayot ne surmonte aucune cavité souterraine. Lorsque la charrue a labouré leur emplacement, elle n'y a rencontré aucun débris humain[1]. On dira que la crypte avait été dépouillée des corps à l'époque romaine ou plus tardivement, et qu'elle avait ensuite servi à un tout autre usage. Il est aisé de répondre que les monuments funéraires, dont nous n'avons encore point parlé, mais qui existent et que nous distinguons à merveille des talayots, malgré certaines similitudes de construction et de dimension, ont aussi été violés plus ou moins anciennement, et qu'ils n'ont pas perdu, eux, ces vestiges,

1. Ramis dit qu'on y a rencontré des urnes et des os, il ne précise pas davantage. M. J. Pons y Soler observa au fond d'un talayot des silos qu'il nomme funéraires, mais sans l'établir. Ces faits exceptionnels ne nous renseignent guère.

ces débris de squelettes qui décèlent toujours le rôle sépulcral des ossuaires mégalithiques, des caveaux funéraires.

La porte des talayots est normale; elle est établie pour permettre un passage restreint, mais commode. Il n'en est pas de même de la porte des tombes avérées.

LES TOMBEAUX, DITS NAVETAS OU NAUS

Peu de kilomètres avant d'arriver de Mahon à Ciudadela, on aperçoit, à gauche, à cent pas de la route, la naveta d'Es Tudóns. Ce monument s'élève seul dans une sorte de lande sauvage. Il fut remarqué dès le siècle dernier, et son image se trouve déjà dans Ramis. La partie supérieure, aujourd'hui ruinée, avait-elle alors l'aspect qu'indique ce dessin? L'ensemble avait-il la forme exacte d'un bateau renversé, *nau*, diminutif *naveta*, dans l'idiome local? La quille existait-elle réellement? Ramis n'a-t-il pas eu un peu trop d'imagination, ce qui arrivait fréquemment aux archéologues de son temps? On n'en peut rien savoir. Actuellement, si la proue et la poupe sont en place, la quille est absente; aucune indication n'est donnée par les blocs qui forment le sommet actuel du monument. Il est visible qu'il en manque. C'était, hélas! de bonne pierre à bâtir, et les gens du voisinage ne se sont pas fait faute d'en profiter[1].

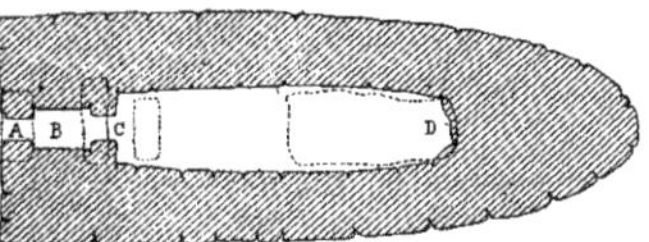

FIG. 22. — La nau ou naveta d'Es Tudons. Coupe et plan. Échelle 0,003 p. 1 mètre. (Pl. XLI et XLII.)
A, entrée surbaissée; B, antichambre étroite; CD, crypte.

Actuellement, à Mayorque, on a l'habitude d'entasser les pierres enlevées de la surface des champs, et de donner à ces amas, souvent longs de 10 et 15 mètres,

1. MM. Cardona, Pons et autres croient fermement à l'existence de cette quille; ils ont connu des gens dignes de foi qui l'avaient vue. Je me borne à affirmer que les blocs que l'on regarde aujourd'hui comme des restes de cette quille n'ont rien de commun avec elle : ce sont des blocs déplacés, extraits des murs de côté.

la même forme qu'à la naveta d'Es Tudóns. On les appelle « galères ». Cela prouve qu'il ne faut pas ajouter beaucoup d'importance à la forme de la naveta d'Es Tudóns, quand bien même il serait acquis qu'on a voulu imiter un bateau renversé. Il n'est pas besoin de se mettre à la recherche des idées qui, dans d'autres pays, ont conduit les gens à placer effectivement les morts dans une barque véritable : de tels documents n'ont rien à voir ici, où nous avons une trop grande somme d'inconnu pour essayer raisonnablement la restitution des motifs, des traditions, des mythes qui régnaient dans l'esprit des anciens habitants.

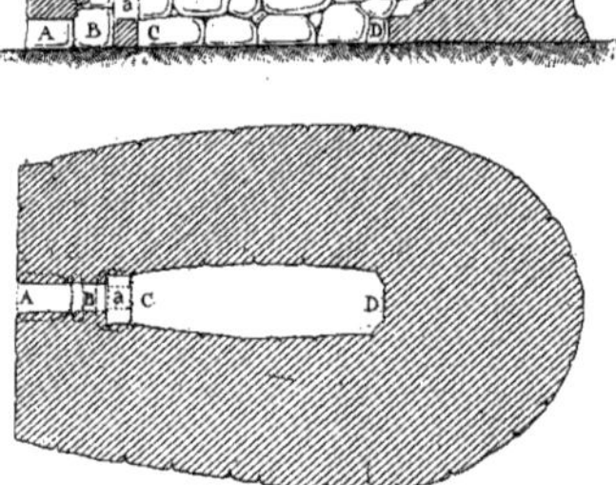

Fig. 23. — Coupe et plan d'une nau de Rafal Rubi à $\frac{1}{200}$.

La façade de la naveta, la poupe, est légèrement concave. En bas, au centre est l'entrée, qui n'a guère que $0^m,50$ de largeur sur $0^m,72$ de hauteur. On voit immédiatement combien elle est différente de celle que nous ont présentée les talayots. Les blocs de cette entrée ont le long du bord une étroite dépression, une feuillure qui contourne l'ouverture et permettait l'emboîtement d'une fermeture. Le seuil franchi, on trouve un passage plus élargi, surtout plus haut; on peut même se mettre droit, et peut-être y avait-il là un vide en forme de cheminée (Bb). Puis, vers le troisième mètre, le couloir est de nouveau rétréci brusquement autant qu'à l'entrée. C'est ici le seuil du caveau proprement dit, dont les blocs éboulés ferment le passage. Mais on peut pénétrer par la brèche du toit, et,

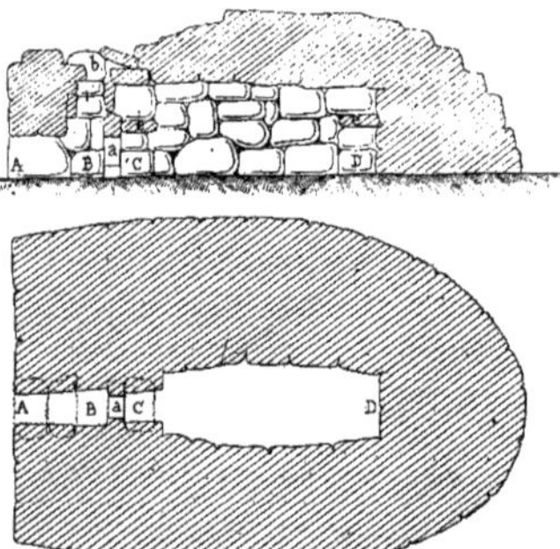

Fig. 24. — Coupe et plan d'une nau de Rafal Rubi à $\frac{1}{200}$.

avec quelque soin, j'ai pu établir, mieux que mes devanciers, le plan et les dimensions. (Voir fig. 22 et pl. XLI et XLII.)

Les navetas de Rafál Rubí, à l'autre bout de l'île, du côté de Mahon, se trouvent aussi en plein champ et isolées à 100 mètres l'une de l'autre. Aucune ruine ne les accompagne. Une végétation épaisse, impénétrable, les recouvre, et a désorganisé leur partie haute. Leur maçonnerie extérieure, moins perfectionnée que celle de la nau d'Es Tudóns, se compose de très gros blocs absolument bruts, rangés par assises superposées (pl. XLIII à XLV). Les façades sont semblables, également concaves. L'entrée avec ses feuillures, le vestibule avec son jour supérieur, rappellent exactement l'Es Tudóns ; le caveau seul, dans un des monuments, diffère : il est muni à ses deux bouts d'une sorte d'étagère transversale assez profonde formée par des dalles plates encastrées à mi-hauteur dans la muraille (ee), et dont la destination nous échappe (fig. 23 et 24).

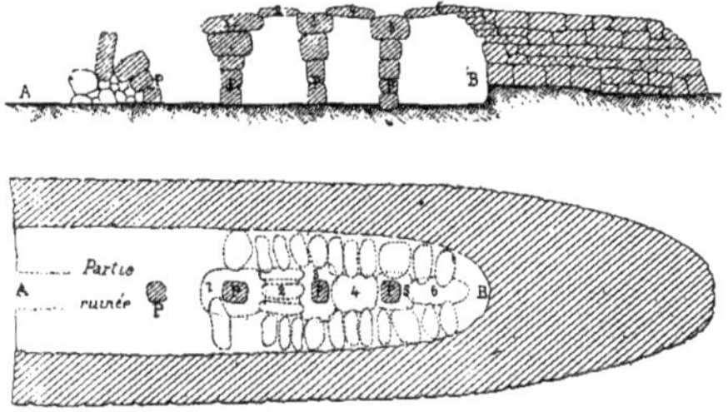

FIG. 25. — La nau de Son-Mersé. Coupe et plan, au $\frac{1}{200}$. (0,005 p. 1m.)

Une naveta construite sur le même plan, mais différente à certains égards, est celle de Son-Mersé. Elle est plus vaste : on avait 3m,70 de diamètre intérieur, espace trop considérable pour être recouvert de dalles ; des dalles de cette longueur ne se rencontrent pas aux environs immédiats. On a eu recours à une disposition déjà employée dans les talayots, les caves mégalithiques et autres édifices : on a établi au milieu et tout le long du caveau une série de piliers de soutènement sur lesquels on a pu installer une toiture suffisante. L'agriculture a détruit la façade et l'avant-corps de la naveta. Le pilier le plus voisin de l'entrée est renversé, les trois autres sont debout (fig. 25 et pl. XLVI). Les murs à l'extérieur sont formés de pierres légèrement équarries et assemblées avec soin. Ils ne dépassent plus le niveau des dalles de recouvrement. Pour admettre qu'ils montaient jadis plus haut et se rejoignaient, il faudrait soutenir qu'un cube énorme de maçonnerie a disparu. L'aspect du monument, son éloignement des maisons, m'ont donné une impression contraire. Je suis tenté de croire que toutes ces navetas se terminaient par un plateau.

J'en ai vu plusieurs autres construites suivant les types d'Es Tudóns et de Rafál Rubí, autant qu'on en peut juger par leurs ruines. Celle de Santa-Mónica, à Minorque, n'a rien de notable. Il n'en est pas de même du groupe de Calviá, au nord de Palma (Mayorque). Bien qu'elles soient absolument délabrées, grâce au four à chaux et aux fermes voisines, celles-ci se font remarquer par la présence de

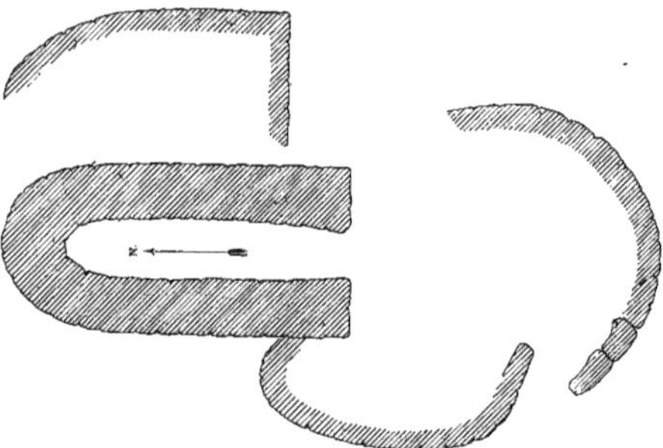

Fig. 26. — Une des nau de Calvia, Mayorque, au $\frac{1}{200}$.
D'après le plan dressé avec nous par M. B. Ferrá.

certaines constructions extérieures qui paraissent établies sur un plan analogue et pourraient être contemporaines, comme si, la naveta étant devenue insuffisante, on l'avait flanquée de cryptes additionnelles, profitant en partie de sa muraille. Des fouilles ne seraient pas trop difficiles : on aurait ainsi le moyen de dresser un plan exact de la bâtisse au niveau du sol, et peut-être, si l'écroulement des navetas date de loin, aurait-on la chance de rencontrer encore les ossements humains et quelques vestiges industriels.

Les navetas sont des ossuaires. A Rafál Rubí, l'une m'a livré quelques débris d'os encore déterminables enchâssés dans les joints de ses murs ; l'autre, une quantité d'ossements humains dans un sol déjà bouleversé et en grande partie excavé par les cultivateurs qui, périodiquement, emportent aux champs le fumier. Le tombeau des ancêtres est une bergerie de chèvres ; ailleurs, c'est l'écurie des porcs. Pourtant, dans ces pays où on ne connaît pas le morcellement des terres, les propriétaires sont très riches et pourraient loger autrement leurs bêtes. Mais... les Gaspar Saura sont rares parmi eux.

Dans la Nau d'Es Tudóns, un médecin, par conséquent un témoin digne de foi, assure qu'on recueillit des restes humains. Le vieux berger de Son-Mersé a aussi remarqué des ossements dans le sol de sa naveta, et il me montra un fragment de maxillaire inférieur humain qu'il avait conservé. Il y avait avec ces restes des « bagues vertes », qui furent brisées et perdues.

Quand même les ossements ne viendraient pas indiquer à quoi servaient les navetas, le plan et les détails de leur crypte nous suffirait pour affirmer leur caractère funéraire. Leur analogie avec certaines cavernes sépulcrales des Baléares, du Portugal, de France, est incontestable. On en jugera tout à l'heure.

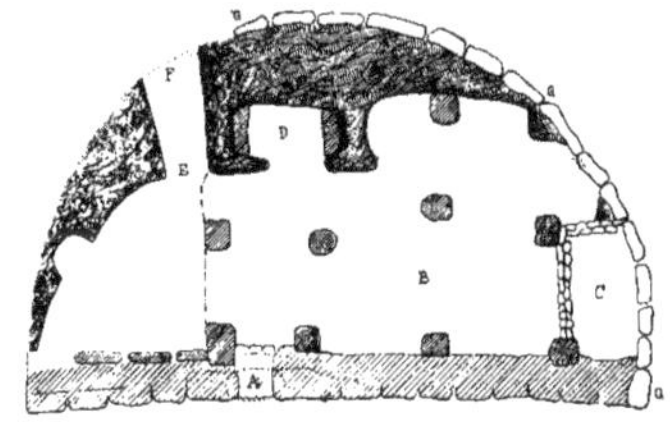

Fig. 27. — Le monument de Benigaus Nou, à $\frac{1}{200}$.
F, E, entrée moderne creusée dans le rocher; A, entrée primitive; B, chambre avec piliers supportant la voûte; D, cellule creusée dans le rocher; GG, blocs extérieurs.

Faut-il ranger dans la même catégorie que les naus, c'est-à-dire sous la rubrique tombeaux, plusieurs monuments qui s'en rapprochent par certains caractères? Celui de Benigaus-Nou, près Ferrerias (fig. 27), est formé en partie aux dépens du rocher, qu'on a entaillé largement; le reste de l'édifice est construit et la toiture est soutenue par de nombreuses colonnes; la forme générale est celle d'une naveta élargie à l'extrême; la façade a bien la même concavité, mais la porte ne présente pas l'exiguïté d'une entrée d'ossuaire : je n'ai vu aucune trace de ce vestibule qui caractérise les navetas et les grottes sépulcrales.

Ce curieux édifice est maintenant une des maisons rurales : il sert d'écurie aux porcs. Ce n'est pas, certes, la seule fois que mon jeune compagnon, M. Pio Vivalta, et moi avons dû passer de longues heures dans une mare d'immondices, et assaillis par des légions de *Pulex irritans*. Ici le lever du plan fut agrémenté par la présence de quelques brebis mortes qui remplissaient un des compartiments de l'écurie (c). Aux rayons du soleil qui filtraient gaiement à travers la voûte démolie du charnier, un gros essaim de mouches variées prenait ses ébats sur les chairs verdoyantes et corrompues!

Dans la même contrée, à Binicalsítx, j'ai trouvé un autre monument ayant la même apparence extérieure en forme de nau, large et peu profonde : l'intérieur est inaccessible. Les ruines sont assez nombreuses aux environs, et j'ai cru y apercevoir une de nos colonnes en **T** caractéristiques des centres d'habitation. L'arrivée de la nuit et l'approche d'un orage m'empêchèrent d'y séjourner suffisamment.

Je n'ai point parlé, dans la description des édifices, de leur orientation. Il m'a paru bon de réserver ces détails et de les grouper.

En effet, si les directions sont absolument variées, il n'y a aucune observation à présenter, aucune lumière à recevoir. Si, au contraire, l'orientation est constante pour chaque catégorie de monuments, il y a une explication à dégager, un motif à rechercher, et, en outre, les catégories de monuments sont mieux justifiées.

Voici les renseignements que je retrouve sur mes notes.

EXPOSITION DE L'ENTRÉE :

TALAYOTS	ÉDIFICES A T	NAVETAS
Cudia Cremada, sud.	Binimaymút, sud.	Es Tudóns, S.-O.
Torre Llafuda, sud.	Torre Trencada, S.-O.	Son-Merce, S.-S.-O.
L'Hostal, S.-E.	Torre Llafuda, sud.	Rafál Rubi, S.-O.
Son Morell de Baix, S.-E.	Talati de Dalt, sud.	Autre, S.-O.
Autre, S.-E.	Son-Carlà, S.-O.	Santa-Monica, sud.
Torre Nova de Lozano, sud.	Torre d'En Galmés, S.-O.	Calvia, sud.
Trebuco, sud.	Torrauba de Salort, est.	Autre, id.
Pou de Torn, S.-S.-O.	Sa Torreta, S.-E.	Autre, id.
Benietzem, sud.		Benigaus Nou, N.-E.
Benicodrell de Davant, S.-S.-E.		
Calafi, sud.		
San Agustí, S.-O.		
Algaida, S.-S.-E.		
Heredat, S.-S.-E.		
Sa Aguila, sud.		

En résumé, la grande majorité de tous ces édifices sont ouverts au sud. C'est encore la direction de toutes les maisons de campagne, c'est l'orientation naturelle dans un pays où règne le mistral, vent du N.-E., souffle en tempête.

Le monument de Benigaus Nou a seul sa façade au nord-est, mais la position était commandée par l'emplacement du rocher dans lequel il se trouve enchâssé.

L'orientation des monuments n'éclaire pas les questions qu'ils soulèvent.

LES PUITS DITS POTARRÁS

L'eau n'est nulle part commune dans ces terrains tertiaires et quaternaires. Les métairies ont des citernes quelquefois très considérables, et les procédés pour recueillir l'eau de pluie et l'y ramasser sont assez multipliés. Les Baléares sont les élèves des Maures à cet égard ; mais peut-être aussi y avait-il chez eux une expérience traditionnelle. Il était en effet nécessaire d'assurer l'alimentation des villes dont les ruines nous sont maintenant connues. On y avait pourvu en partie au moyen de puits larges et très profonds qui descendaient au niveau de l'eau. Deux existaient naguère encore, l'un à Binimaymút, presque comblé aujourd'hui ; l'autre à Torrauba, entièrement comblé en 1870. Celui-ci, d'après M. Pons y Soler, avait une ouverture de la forme d'un trapèze de 5^{m},48 sur 5^{m},20. Sa profondeur de 32 mètres était déjà réduite de moitié si l'on en croit les vieillards. Lorsqu'elle était encore libre, on trouvait au fond une source intarissable. La descente des 32 mètres se faisait par un escalier de 137 marches de 1^{m},34 de largeur avec des piliers et des garde-fous massifs, le tout taillé dans le roc au pourtour de l'excavation.

Le puits de Binimaymút avait, au dire des vieillards, des proportions aussi grandes. Je me suis naturellement informé du sens que le peuple attache au mot de *potarrá:* une potarrá, c'est un puits tout à fait extraordinaire. C'est bien avec cette impression que les paysans m'ont parlé de ces ouvrages gigantesques, qui étaient probablement multipliés, mais qu'on s'est acharné à combler, comme on a comblé avec les pierres des défrichements tant de souterrains découverts par hasard et jugés inutiles à l'exploitation agricole.

LES GROTTES ARTIFICIELLES

Les grottes creusées dans le sol ou dans les falaises de Mayorque et de Minorque sont fort nombreuses ; beaucoup sont détruites ; quantité d'autres sont certainement encore ignorées. Les roches tendres se retrouvent dans une bonne partie de ces îles, et, de nos jours encore, on peut, par économie, creuser un souterrain au lieu de bâtir une cabane. Plusieurs de ces excavations anciennes et quelquefois modernes, sont presque partout fréquentées par les paysans ou occupées par les troupeaux.

J'appellerai d'abord l'attention sur celles de l'Hostal, qui doivent le jour aux recherches systématiques de Mme et de M. Gaspar Saura.

On n'a certainement pas oublié qu'il s'agit d'une ville dont les ruines couvrent l'espace compris entre les trois talayots de l'Hostal, propriété voisine de Ciudadela. Les deux photographies pl. VII et VIII donnent la vue panoramique prise du sommet du talayot oriental. On remarquera un très grand nombre de grosses pierres : ce sont les soubassements des habitations, qu'il ne faut pas confondre avec les murailles modernes faites avec les menues pierres qui encombraient le

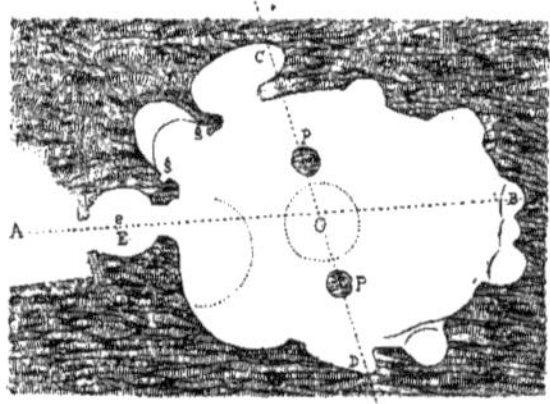

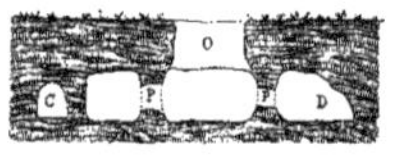

Fig. 28. — Plan et coupes au $\frac{1}{200}$ d'un souterrain de L'Hostal, près Ciudadela, Minorque.

terrain. Le sol une fois déblayé, on distingua des dépressions où l'on porta la pioche, et ainsi furent découvertes une série de grottes disséminées dans la ville, et enchevêtrées de telle sorte avec ses constructions qu'il est difficile de douter de leur contemporanéité avec elles. Toutefois, lorsqu'on examine le produit des fouilles, on constate qu'elles furent fréquentées aux époques les plus diverses. Les tessons de majoliques, de vases mauresques et romains, s'y mêlent aux poteries plus anciennes. Durant ces occupations successives, quelles altérations ont-elles subi? C'est ce qu'il ne nous est pas possible de reconnaître. Ainsi on trouve à l'entrée de plusieurs un palier qui interrompt la pente du chemin d'accès. Sur cette petite plate-forme s'ouvre un silo du type ordinaire si répandu dans le midi de la France, la péninsule ibérique et le nord de l'Afrique, où ces cavités, depuis une très haute antiquité, étaient ou sont en usage pour la conservation des céréales. Ce silo est certainement une addition bien postérieure aux jours de prospérité de la cité. Ce n'est là qu'un détail qui ne doit pas nous arrêter.

Pénétrons dans les grottes. Nous les trouverons variées, mais seulement dans une certaine mesure. Choisissons l'une d'elles (fig. 28). On descend, et l'on voit les traces d'un premier portail revêtu de pierres sèches. La voûte, jadis, devait être formée par des dalles sur la petite antichambre E que l'on traverse avant de franchir le seuil du caveau proprement dit, que le roc en place recouvrait alors entièrement. Le plafond avait paru assez vaste pour exiger deux colonnes de soutènement, qu'on réserva en opérant le creusement et qui furent rompues dans la suite. Au centre, justement entre les colonnes, la voûte est crevée. Cette grande ouverture, assez régulière, ne peut être aussi ancienne que le monument. On n'a pas creusé à grand'peine un caveau muni de deux portes successives, faciles à barrer et à dissimuler, pour l'ouvrir si largement à son sommet et trahir ainsi son existence.

J'ai cependant remarqué de semblables trous dans bien des grottes pareilles, soit aux Baléares, soit en Portugal, et je m'étais demandé s'ils n'avaient pas été faits par les constructeurs, qui auraient pu ainsi éclairer leur travail souterrain, et se débarrasser, par cette voie, des déblais. Il eût été possible, dans cette hypothèse, de refermer la voûte au moyen de dalles de pierre. Mais je crois plutôt que les gens qui utilisèrent ces cavités dans la suite des siècles n'eurent aucun intérêt à conserver la petite porte, l'obscurité, le mystère, et qu'ils eurent tout naturellement l'idée très simple de percer la voûte. Peut-être aussi les gens à la recherche des souterrains inconnus reconnaissaient-ils leur présence en frappant la terre et en écoutant sa sonorité. Aux points qui sonnaient creux, on piochait. On peut dire enfin que le sommet de la voûte, étant la partie la plus mince, a pu naturellement s'écrouler.

La grotte est garnie sur son pourtour d'une série d'enfoncements semblables à des placards plus ou moins profonds, et dont le sol est presque toujours un peu au-dessus du niveau du sol de la chambre.

La grotte ici figurée est la plus riche en anfractuosités de ce genre. Une seconde n'en avait que trois, une autre une seule. Dans cette dernière niche étaient les restes de deux squelettes humains. C'est la seule découverte de ce genre notée par M. et Mme G. Saura; ils ont pourtant exploré une dizaine de grottes. Aussi supposent-ils que ce ne sont pas en réalité des grottes sépulcrales, mais des refuges ou des cryptes d'approvisionnement.

J'avoue qu'il se dégage souvent des fouilles une impression difficile à définir et à faire passer dans l'esprit de ceux qui n'ont pas suivi l'exploration; impression très juste et devant laquelle, à défaut de preuves positives contraires, on doit s'incliner. Est-ce ici le cas? Nous serons mieux à même de décider après avoir poursuivi ailleurs l'étude des grottes.

Si les autres cités avaient été explorées avec soin comme l'Hostal, elles auraient été trouvées, sans doute, en possession de semblables monuments. Je n'en veux pour preuve que ce qui existe à Torre-d'en-Galmés. Là, aux environs immédiats des talayots et au milieu des ruines qui les entourent, on rencontre plusieurs grottes ouvertes et dépouillées. L'une, profonde et grande, doit être mise à part. Elle est immédiatement au-dessous du monument à T, et elle n'était que le prolongement des caves mégalithiques. Les deux autres, à l'est, sont bien différentes. La fig. 29 montre qu'on y accède par une excavation à pente courte et rapide, au bas de laquelle on est en face d'une porte étroite et d'un caveau circulaire, peu étendu.

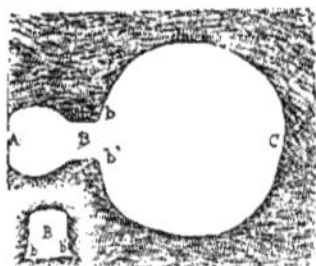

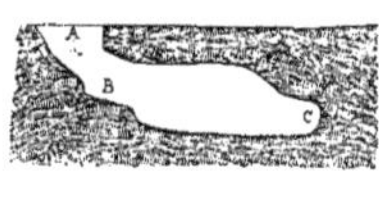

Fig. 29. — Plan et coupe au $\frac{1}{100}$ d'une grotte de Torre-d'en-Galmés.

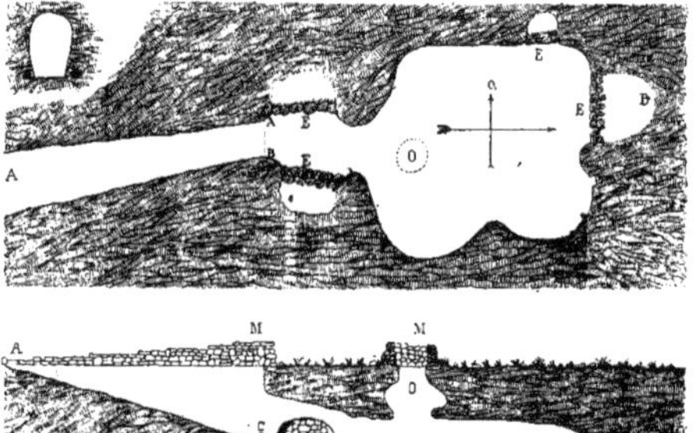

Fig. 30. — Plan et coupe d'un souterrain de Binimaymut, près Mahon, Minorque, $\frac{1}{100}$.

Le cadre de la porte est nivelé de façon à permettre à une dalle de s'y appliquer exactement. Toutes deux m'ont livré des débris d'ossements humains ; leur destination funéraire n'est pas douteuse.

Les souterrains de Binimaymút, que représentent les fig. 30 et 31, sont plus vastes et reviennent davantage au type de l'Hostal. Chez elles aussi, on rencontre des enfoncements pareils à des alcôves, et, dans l'une d'elles, un élargissement systématique de l'antichambre, dont il ne m'a pas été possible de mesurer la profondeur à cause des murs qu'on y a bâtis : ces grottes sont à présent réservées, l'une aux porcs, l'autre aux chèvres et aux moutons! L'une d'elles a ses deux ouvertures garnies d'un parapet en pierres sèches (M, M), auquel, bien entendu, il ne faut attribuer aucune ancienneté.

La plaine méridionale de Minorque est coupée par des dépressions perpendiculaires à la mer dans leur allure générale, et qui augmentent de profondeur à mesure qu'on approche du rivage. Ces *barrancos* (en castillan), aux parois verticales et hauts de 20, 30 et 40 mètres, sont le résultat du ruissellement des eaux de pluie, et ressemblent à un lit de rivière desséchée. Les silhouettes fantastiques des rochers; les couleurs claires du terrain aux teintes grises, jaunes et rouges les plus variées; la gamme de tous les verts des arbustes et des plantes qui se sont développés à profusion sur quelques points, à l'abri du mistral et à la chaleur du soleil et de la reverbération; souvent la vue de la mer voisine, qui passe brusquement du vert émeraude au bleu intense, selon qu'elle est à l'ombre ou à la lumière, sur un fond de sable ou de varech, qu'elle reflète ou non les falaises qui la dominent, tout est réuni pour donner à ces gorges un incomparable attrait. Les oiseaux y voltigent en nombre, et les plus petits vivent sans cesse sous la terreur des milans, qui les poursuivent sans relâche. Leurs cris de terreur retentissent plus souvent que leurs chants. La note qui domine est celle du corbeau, que votre arrivée met en fuite. Le silence du barránc n'est pas autrement interrompu. L'homme vit sur le plateau, et ne descend guère jusque-là. D'ailleurs, j'ai déjà signalé son horreur du rivage, dont il se tient prudemment éloigné.

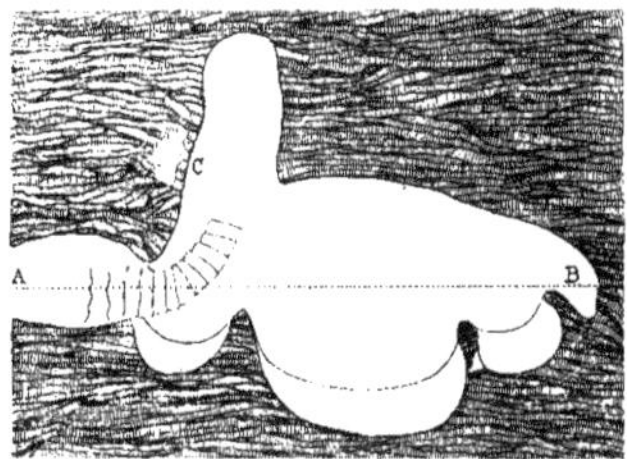

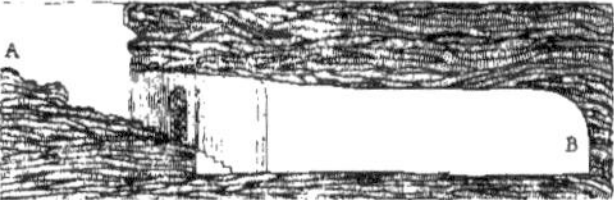

Fig. 31. — Coupe et plan d'un souterrain de Binimaymût, près Mahon, au $\frac{1}{400}$.

Nous avons constaté l'absence des édifices primitifs au bord de la mer; les excavations artificielles au contraire y abondent. Les falaises en sont criblées. Je n'ai pu visiter qu'un nombre relativement insignifiant de ces grottes, car, je le répète, il y en a partout. Les unes sont isolées, d'autres en groupes ; ordinairement, pour arriver à celles-là, il faut suivre des sentiers étroits établis dans le flanc même du rocher qui surplombe. Quelquefois, des lambeaux de la falaise sont tombés, le passage est interrompu, la grotte inaccessible.

La figure 32 donne l'aspect d'une grotte isolée du barránc de Santa-Mónica.

Elle s'ouvre de toute sa largeur ; l'ouverture est cependant divisée en deux par une épargne de la roche, qui reste comme un pilier de soutènement. Le sol a des niveaux différents, et il est creusé de neuf cavités singulières (t). Ce sont des tombes, dont la coupe et le plan sont donnés par le dessin. Toutes ont perdu leur

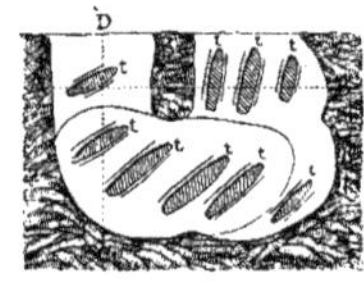

Fig. 32. — Grotte avec tombes, falaise du barránc de Santa-Mónica ; coupes et plan au $\frac{1}{200}$, ou 0,005 p. 1m.

couverture, qui s'adaptait dans une feuillure ménagée au bord de la fosse. Elles ont été violées et ne renferment plus que du sable et des débris du squelette.

Ce genre de tombe est extrêmement commun dans Minorque : ce sont, disent les paysans, les « cimetières des Maures » ; mais on ne peut pas les attribuer aux Maures ou à toute autre race tant que l'une d'elles n'aura pas livré des objets de telle époque ou de telle population.

La grotte de Santa-Mónica fut-elle creusée pour renfermer des tombes ? C'est peu probable. Avait-elle été aussi un ossuaire dans les premiers temps ? Était-elle déjà vieille lorsque le lieu parut bon pour servir d'asile aux morts ? On ne sait.

Les grottes sont surtout multipliées autour de la baie qui porte le nom caractéristique de Calas-Covas, au sud-ouest de Mahon. Là, les falaises sont criblées de trous, comme un gâteau de miel coupé en travers.

Parmi mes vues de la baie, la pl. XLVIII représente la falaise encore intacte de l'ouest, et les pl. XLVII et XLIX, celles du nord et de l'est, qui se sont éboulées. Il est arrivé, en effet, que ces cellules multipliées et superposées à l'intérieur du rocher en avaient singulièrement diminué la solidité. La façade, moins évidée, n'était plus qu'un placage, et au moindre ébranlement du sol elle devait se fendiller et s'écrouler. C'est là ce qui s'est effectivement passé. Dans notre pl. XLIX, on voit que les blocs tombés dans la mer forment une ceinture au rocher. Il est possible de circuler au-dessus en sautant de bloc en bloc, non sans courir le risque de glisser dans un gouffre. On ne peut pas, en cheminant ainsi, dépasser le point en regard des lettres A placées à la marge de la planche. A cet endroit, on trouve une porte, bien visible sur la photographie, et qui offre des feuillures concentriques, preuves d'une clôture exceptionnellement soignée. Je me suis assuré que cette porte était jadis précédée d'une cahmbre; nous constaterons ailleurs le même détail important.

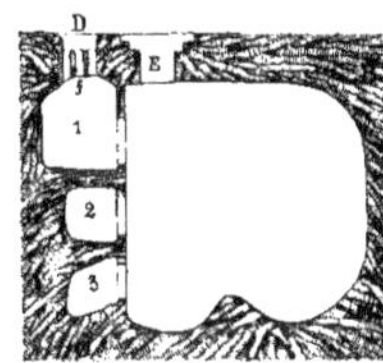

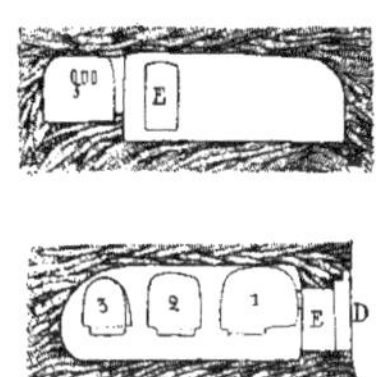

Fig. 33. — Une des grottes de Calas Covas, Minorque. Plan et coupes à $\frac{1}{200}$, soit 0,005 p. 1 mètre.

La grotte est fort curieuse. Le sol, un peu plus bas que le seuil de la porte, est horizontal. La hauteur est partout égale. D'un côté, à droite en entrant, la paroi est verticale, mais creusée de trois grandes loges profondes (1, 2, 3 de la fig. 33), s'ouvrant à $0^m,60$ au-dessus du sol et atteignant le plafond. Elles sont encadrées d'un rebord et séparées par une cloison formés l'un et l'autre par le rocher taillé. La loge la plus grande et la plus voisine de l'extérieur est munie d'une fenêtre de trois trous traversant le rocher (f). Les cavités du voisinage n'ont pas de détails notables. Leur plafond est souvent assez bas pour qu'on puisse, grâce à un trou, peut-être ancien, se hisser de l'une à l'autre et parcourir ainsi plusieurs chambres superposées.

J'ai dit que la falaise était à peu près à pic lorsque les souterrains ont été creusés. Des escaliers en hélice et fort étroits avaient été pratiqués, et permettaient de descendre du plateau dans les chambres, qui s'étendaient bien au-dessous. Je suppose que le creusement d'un tel escalier de haut en bas est un travail presque impossible. J'aime mieux croire que les ouvriers, suspendus à des cordages, ont commencé l'excavation du côté de la mer, par la falaise même, et n'ont fait l'escalier qu'après avoir avancé le souterrain. Les escaliers de la falaise sud (pl. XLVIII), que M. Cardona y Orfila, l'éminent naturaliste de Mahon, a vus plus ou moins intacts, sont aujourd'hui tout à fait comblés par le propriétaire de la métairie voisine, qui craignait d'y voir tomber son bétail.

Mais j'ai retouvé de semblables vestiges sur le rivage nord (pl. XLVII), qui est largement accessible. Là, le rocher aux grottes n'a pas été baigné par la mer : il y avait comme intermédiaire un talus d'une inclinaison normale et avec lequel on a pu aujourd'hui former un champ. Ce terrain, avant la culture, était couvert d'une végétation épaisse qui devait constituer une infranchissable barrière et assurer la protection des vivants ou des morts qui occupaient les excavations.

La façade du rocher supérieur est descendue par lambeaux, et l'agriculteur a débarrassé en partie la pente de ses ruines. Ce qui reste, soit en place, soit dans l'éboulis, montre toute la complication des souterrains, dont les parties les plus profondes sont presque seules encore intactes. Ici et là émergent encore les curieux escaliers qui reliaient les étages. Quelques portes ont les gorges extérieures déjà signalées, et ici, comme dans la falaise voisine, cette porte était précédée d'une salle dont le cadre, si je puis ainsi dire, est resté attaché aux parois de l'escarpement (fig. 34). La chambre présente quelques enfoncements en arc de cercle qui descendent jusqu'au sol. Ils avaient sans doute pour but d'agrandir la capacité de la grotte, tout en laissant certaines arêtes saillantes pour assurer la solidité du plafond[1].

FIG. 34. — Grotte de Calas-Covas. Plan au $\frac{1}{200}$.

J'ai visité plusieurs de ces grottes sans observer dans leur architecture rien de plus notable. J'ai trouvé des ossements humains, et rien autre, dans le sable qui couvrait leur sol.

Étaient-elles toutes sépulcrales? Pour plusieurs cela ne fait pas de doute. Celles qui avaient justement les portes les mieux closes étaient des ossuaires, et il paraît difficile de croire à un mélange si intime d'habitations pour les vivants, de cryptes pour les morts. Cette juxtaposition complète existe-t-elle, a-t-elle existé historiquement quelque part? Je ne connais rien d'analogue, et je n'oserais pourtant pas affirmer que Calas-Covas fût seulement une nécropole.

A Mayorque existe, entre autres, une série de grottes infiniment intéressantes : elles diffèrent de celles de Calas-Covas, de Santa-Mónica ; elles se rapprochent de

1. L'entrée, avec son triple encadrement, se voit sur notre phot. XLVII en haut de la falaise, sous le mot *primitif* du titre de la planche.

celles de Binimaymút et de l'Hostal. Une d'elles nous donne véritablement le type pur de la grotte sépulcrale, point de départ de toutes les variantes.

Les grottes de Saint-Vincent de Pollenza, dès longtemps signalées, sont creusées sur le versant sud et vers le sommet d'une colline de molasse tendre qui court vers la baie entre les deux montagnes qui la serrent de près, la dominent d'une grande hauteur, et vont, en se prolongeant dans la mer, former des caps escarpés.

Cinq ou six, en deux groupes et au même niveau, sont ouvertes. Il est fort possible que d'autres soient encore ignorées sur cette pente rocailleuse, semée de bouquets d'arbres, et qui n'a jamais été assez bonne pour le labour. Elles ont une entrée fort étroite, qu'on a pu dissimuler aisément avec une plaque de pierre et par l'apport de quelques pelletées de terre.

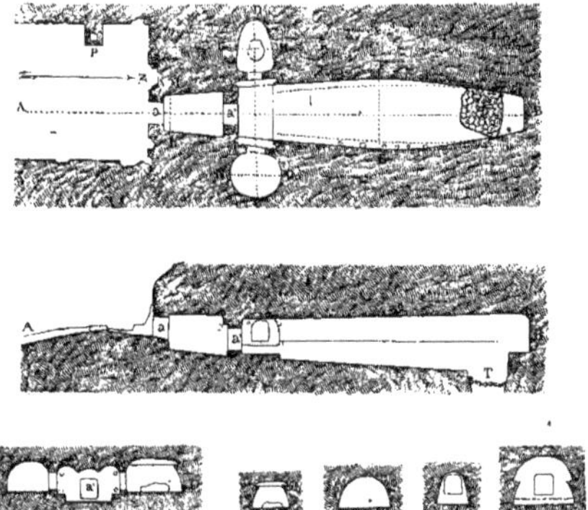

Fig. 35. — Grotte sépulcrale de Saint-Vincent à Mayorque. Coupes et plan à $\frac{1}{100}$. D'après le plan dressé avec nous par M. B. Ferrá.

Dans le groupe principal elles sont limitrophes, et s'ouvrent au bas d'un petit talus naturel devant lequel on a nivelé le terrain (fig. 35, A *a*). Sur cette plate-forme ainsi formée, on voit les traces de cloisons ménagées dans la masse même du roc, puis des trous peu profonds avec rebords qui pouvaient être destinés à recevoir la base de colonnettes (P). La disposition de ces vestiges montre que les grottes étaient précédées d'une construction dont il nous est impossible de retracer l'aspect et de définir le but.

Une première entrée fort étroite donne accès dans un espace plus large, une sorte d'antichambre. Une seconde porte, boyau de forme allongée, permet de se glisser, presque à plat ventre, dans le caveau ; à droite et à gauche sont deux niches également munies d'une entrée rétrécie qui pouvait être close. La plaque de fermeture était maintenue par des barres dont les bouts s'ajustaient dans des trous pratiqués dans le rocher. Cette dalle, peut-être incomplète, gît encore dans une des cellules. Le sol de la crypte est légèrement en pente vers l'intérieur; au bout est une fosse irrégulière remplie de pierrailles (P), et qui m'a paru relativement récente. La coupe, prise suivant EF, fait voir qu'à mi-hauteur les parois ont une saillie destinée en apparence à supporter un plafond. Mais pourquoi mettre là, si près de la voûte de pierre, parfaitement étanche d'ailleurs, des poutrelles ou des branchages?

Il y a sur le plat de cette arête, mais d'un côté seulement (E), une série de petites cuvettes que je ne m'explique pas. Naturellement on pourrait faire des suppositions : je laisse ce soin à l'imagination du lecteur.

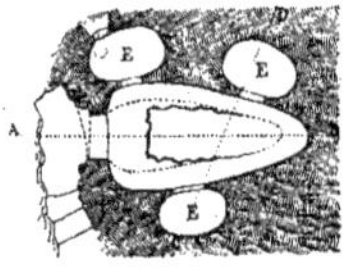

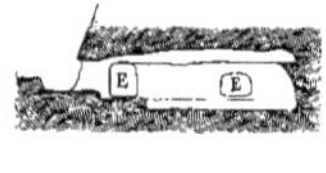

FIG. 36. — Grotte de Saint-Vincent à Mayorque. Coupe et plan au $\frac{1}{100}$.

Un mot seulement d'une des grottes voisines (fig. 36). Son avant-corps est en ruine et méconnaissable; elle a pour porte extérieure l'ouverture même du caveau. Celui-ci, bien que symétrique, diffère de ceux que nous avons vus; mais il est flanqué de trois chambrettes placées en triangle, et tout le long, en haut des côtés, règne la même saillie que dans la grotte précédemment décrite.

Bien que ces souterrains aient été visités depuis longtemps, ils n'étaient pas dépouillés entièrement de leur contenu primitif. On m'a assuré que des fouilles avaient été pratiquées peu de mois avant mon arrivée par un voyageur génois, M. d'Albertis. Il aurait mis au jour une sépulture romaine. Ce qui est positif, c'est que le sol est encore jonché d'ossements humains que je n'ai pas été autorisé à emporter! J'ai cherché en vain un objet qui m'eût donné peut-être une date.

Ma déception fut grande. J'avais été frappé des rapports de ces cryptes avec celles que mon ami M. Paul Cazalis de Fondouce a signalées dès 1870 aux environs d'Arles, en Provence, et que j'ai visitées et en partie fouillées avec lui en 1876[1]. Ces souterrains ont livré des objets de pierre, de cuivre et même d'or, des poteries, des squelettes en quantité. Ce sont des ossuaires du début de l'âge du bronze, dont le mobilier ne diffère pas de celui des dolmens et autres monuments mégalithiques du midi de la France. Les grottes de Palmella, au sud

1. *Matériaux pour l'histoire primitive de l'homme*, 1877, p. 441.

de Lisbonne, en Portugal, fouillées par mon regretté ami M. Carlos Ribeiro, et que j'ai décrites en 1886[1], avaient moins d'analogie avec la grande crypte de San-Vicens qu'avec les autres de cette localité ou de Torre-d'en-Galmés et de l'Hostal. Elles avaient livré un très riche mobilier funéraire de cette période fort longue qui vit la fin de l'âge de la pierre. Les grottes semblables signalées par divers explorateurs sur plusieurs points du territoire italien étaient à tous égards du même degré de civilisation et non moins bien garnies.

Celles des Baléares promettaient autant, et elles n'ont rien livré à mes minu-

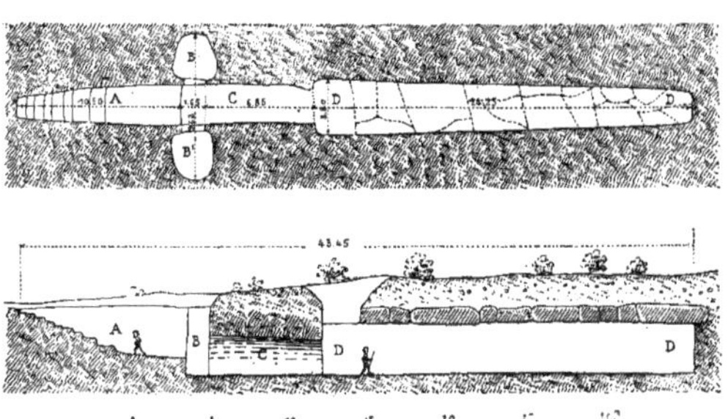

Fig. 37. — Plan et coupe de la grotte des Fées, montagne de Cordes, près d'Arles.
A, escalier; B, vestibule donnant accès à deux chambres; C, passage creusé dans la roche en place; DD, crypte sépulcrale creusée dans la roche et couverte de blocs rapportés.

tieuses recherches. Après mon départ, M. Cardona a trouvé, dans quelques autres, plusieurs *galets* dévoniens quartzeux bien et diversement travaillés, des projectiles sphériques en pierre très dure, des pierres de fronde. Mais quel est l'âge de ces objets!

L'identité de plan est, je le répète, indiscutable : il ne s'agit pas d'un rapprochement fortuit, la ressemblance se poursuit jusque dans certains détails. Or dans les Baléares le mobilier funéraire fait défaut. Il ne paraît pas que les îles aient connu un âge de la pierre, nous insisterons à ce sujet tout à l'heure; mais reconnaissons dès maintenant que ce ne sont pas les gens de Mayorque qui ont navigué jusqu'en pays du Rhône et y ont laissé une colonie; la réciproque n'est pas davantage possible. Mais les tombes de l'un et de l'autre pays procèdent

1. Les Ages préhistoriques de l'Espagne et du Portugal. Paris, 1886, p. 119.

d'une origine commune, leur plan répond aux mêmes idées religieuses, aux mêmes rites funéraires. Y a-t-il entre les grottes de Pollenza, etc., et celles d'Arles une grande différence d'âge? et par âge nous entendons un degré de civilisation plutôt qu'une époque déterminée. M. P. Cazalis de Fondouce, malgré la présence de nombreux objets de l'âge de la pierre, hache polie, pointes de flèches de silex et d'os, etc., avait franchement attribué ces allées couvertes de la Provence à l'âge du bronze. Rien ne s'oppose à ce que celles des Baléares appartiennent aussi à ce niveau industriel.

Sans doute elles sont creusées dans une roche assez tendre pour être travaillée avec les haches de pierre ou les pics armés d'une pointe d'os; mais toutes les fois qu'il m'a été permis de reconnaître sur les parois les traces de l'instrument qui fut employé, j'ai constaté l'empreinte bien délimitée de l'herminette de métal déjà semblable à celle que les paysans utilisent encore (fig. 38), et qui est dans toutes les maisons de campagne. Cependant je n'ai pas observé de telles traces dans le caveau perfectionné de San-Vicens.

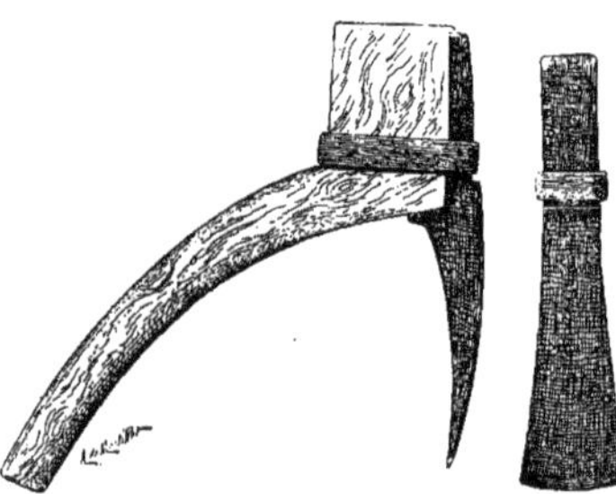

Fig. 38. — Gr. ⅕. Herminette actuelle des Baléares.

Puisque nous devons terminer par une hypothèse, en attendant la lumière des faits, nous ajouterons que les grottes des îles sont tellement nombreuses[1] qu'elles doivent correspondre à un très long laps de temps. Je pense qu'on accordera que les îles étaient habitées 1 500 ans au moins avant notre ère; peut-être ces monuments se répartissent sur mille ans et plus. Si nous avions trouvé des vestiges d'un âge de la pierre local, nous aurions pu leur attribuer une antiquité plus considérable. La date du xve siècle environ pour la plus ancienne établirait un synchronisme raisonnable avec celles d'Arles. Mais je ne saurais trop insister sur l'incertitude de pareilles indications[2]. Dans quelques grottes de Calas-Covas, on a

1. « Vous pouvez assurer qu'à Minorque seulement il y en a bien plus de 1,000; peut-être 1,500, de toutes les époques. » (Lettre de M. Cardona.)

2. Je souhaite vivement qu'un habitant des îles Baléares se donne la peine et le plaisir de passer en revue et de nous décrire toutes les grottes. Déjà M. S. Cardona m'a écrit ceci : « C'est bien dom-

observé des inscriptions romaines du IIe siècle, que M. Émile Hubner a publiées dans sa notice *Monumentos epigraficos de las islas Baleares*[1]. Neuf d'entre elles se rapportent à certain jour de l'année dans lequel on célébrait là un culte particulier. Comme il n'est pas admissible, ce me semble, que les grottes furent creusées pour l'exercice de ce culte, ce culte prouve leur très grande ancienneté; les traditions et le mystère qui l'avaient provoqué ne pouvaient être que l'œuvre des siècles. Nous nous trouvons ainsi rejetés bien au-delà des Maures et des Romains, vers une époque préhistorique trop indéterminée.

mage que vous n'ayez pas visité *toute une ligne horizontale de grottes*, d'Est à l'Ouest, à peu près à gauche du *Barránc d'en Viden*, tout près de San-Cristobal, appelées *Ses Covas gardes!* Elles ont les portes rectangulaires et les chambres rondes, *circulaires absolument*, et sont *concaves* d'en haut, très bien travaillées. Quelques-unes ont deux chambres, circulaires toujours, la dernière ou intérieure d'un plus petit diamètre, avec sa porte rectangulaire aussi et plus petite. Tout est régulier et géométrique dans ces charmantes grottes. »

1. *Boletin de la Real Academia de la Historia*, t. XIII, c. VI, 1888, p. 405.

Talayot carré de Capecorp-Vey, Mayorque.

Réduction d'une gravure de Die Baelaren in Wort und Bild geschildert.

CHAPITRE III

LES OBJETS, ARMES, PARURES, USTENSILES

Je dois dire, avant tout, que j'ai trouvé peu de choses par moi-même. On sait déjà que les grottes sépulcrales étaient vides, et qu'il n'y a pas lieu de faire des fouilles systématiques dans les autres monuments. Ceux dont l'intérieur est accessible sont absolument dépouillés de tous débris antiques. La plupart de ceux qui sont en ruine sont dans le même cas, ayant été fréquentés après la fin de la civilisation qui les vit construire. Les recherches pourraient être le plus souvent stériles, et la dépense serait bien au-dessus de la fortune d'un modeste archéologue. Il faut se borner à intéresser les paysans aux reliques semées dans leurs champs et que leur pioche peut mettre au jour : c'est à eux qu'est due la trouvaille des objets jusqu'ici conservés grâce à l'intelligence de quelques propriétaires et des sociétés archéologiques locales. Il faut surveiller aussi les excavations faites pour les travaux publics, les routes nouvelles notamment. J'ai jugé du réel intérêt que porte à cette recherche le haut personnel des travaux publics; mais donne-t-il aux agents subalternes des instructions suffisantes? Le mot d'ordre devrait être : « Observer, recueillir et signaler immédiatement aux chefs ». Il faudrait promettre des gratifications aux inventeurs.

Je sais bien que dans un sol labouré depuis si longtemps et si bien exploré depuis quelques années les chances de découvertes deviennent rares. On ne pourrait plus espérer former aujourd'hui une collection comme celle que put et sut réunir Ramis au commencement de ce siècle; mais avec un bon réseau d'observateurs on arriverait encore à un résultat satisfaisant au profit des musées de Palma et de Mahon, qui n'auraient pas le sort toujours incertain des collections privées.

La collection de M. Juan Pons y Soler, à Mahon, nombreuse, bien étiquetée et inventoriée avec détails, très soignée, est le fond dans lequel j'ai trouvé le plus de documents précieux. Elle fut commencée il y a longtemps déjà avec une compétence parfaite.

Silex taillés. — Aucune hache de pierre ne m'a été présentée ; aucune n'a jamais été signalée. Or les recherches d'antiquités ont été réellement minutieuses : on trouve dans les collections quantité de pierres ouvrées, balles de fronde, broyeurs, etc. ; on peut considérer comme faite la preuve de l'absence de la civilisation que caractérise ailleurs la hache de pierre. Les îles Baléares auraient pu connaître un âge de la pierre à physionomie locale : aucune trace ne s'en est montrée. Les sondages que j'ai effectués dans les grottes naturelles les mieux situées, et qui, sur le sol français, eussent eu certainement des vestiges d'une occupation primitive dans les deux sens du mot, ont été infructueux. Un barranc voisin de San-Adeodato contient une caverne splendide qui s'ouvre lar-

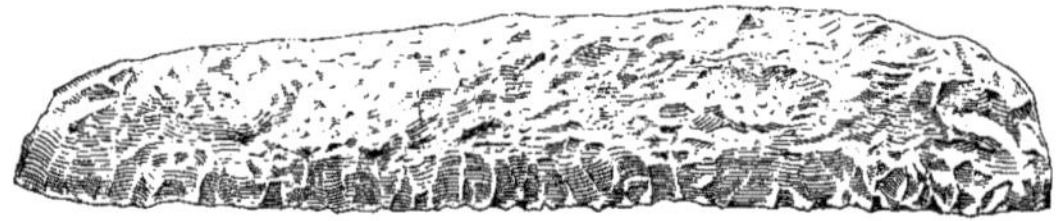

Fig. 39. — Silex taillé de Mayorque. Gr. ½.

gement comme une nef de cathédrale et pénètre profondément. C'est la *Cueva-des-Coloms*, ainsi nommée à cause des nombreuses colombes qu'on y attire avec de grands feux et qu'on y massacre aisément. Le propriétaire, M. le baron de Las Arénas, a fait exécuter une route pour monter depuis le fond du barranc. Cette voie coupe profondément jusqu'au roc les couches entassées à l'entrée ; elles n'ont livré aucun os, aucun objet. La première et principale galerie est au contraire un vaste cimetière, où j'ai recueilli, avec des ossements, maints tessons d'une poterie de pâte primitive, mal cuite, rouge et noire, pétrie de grains blancs, fragile, ornée de pointillés en creux, de lignes en relief, de chevrons tracés au lissoir, mais de formes très variées et qui m'ont paru se rapporter ordinairement au style de la céramique mauresque. Il y avait avec ces fragments de vase des objets de fer très décomposés. Nous sommes donc bien éloignés de l'âge de la pierre.

En fait de silex travaillé, j'ai vu trois tronçons de lames ou d'éclats sans caractère (collection de M. Planes) et une plaquette étroite et longue, bien taillée, au tranchant analogue à celui d'une scie, peut-être une lame de poignard, une tête de lance, un outil (fig. 39). Mais on sait que les silex taillés sont demeurés en usage pendant que l'industrie du cuivre et du bronze avait déjà pris un certain développement. Cette unique pièce ne peut donc suffire à prouver l'existence d'un âge de la pierre. Elle a été recueillie dans le *término* de Santa-Eugenia à Son-Estelrich, dans les ruines d'un talayot, assure-t-on. En étudiant naguère les trouvailles de M. Schliemann au Museum für volkerkunde, à Berlin, j'ai été frappé de l'analogie des silex taillés d'Ilios avec celui-ci. Qui sait s'il n'y a pas entre eux quelque parenté, si je puis ainsi m'exprimer?

Pierres de fronde. — On connaît la réputation des anciens Baléares : tous les textes s'accordent à louer leur supériorité dans le maniement de la fronde, et c'est au titre de frondeurs qu'on les voit figurer dans les armées de Carthage et de Rome. Encore aujourd'hui, les bergers sont munis de leur longue *passetja* de chanvre tressé. Les plus adroits chassent avec elle le lapin. J'ai vu l'un d'eux toucher à 100 mètres le but que je lui avais désigné. Au besoin, la pierre est projetée beaucoup plus loin, et l'on comprend dès lors que Métellus, lors de son débarquement, ait eu ses matelots tués à bord de ses bateaux, jusqu'à ce qu'il les ait protégés au moyen de grandes peaux étendues au-dessus du pont, premier emploi des navires cuirassés. Les frondeurs modernes emploient les petites pierres des champs, choisissant celles dont la dimension est d'environ 8 centimètres. Ce projectile est posé sur le milieu de la *passetja*, qui se trouve divisé, sur une longueur de 15 centimètres, en trois tresses plates. Il n'est pas nécessaire de le faire longtemps tournoyer. A ma vive surprise, deux à trois tours suffisaient à donner la vitesse voulue; le frondeur lâche un des bouts de la fronde, qui, tandis que la pierre part, vient s'enrouler autour du corps en claquant comme un fort coup de fouet.

Il y a dans les collections, et j'ai ramassé dans les champs, aux abords des ruines antiques, un certain nombre de pierres du volume d'une orange et plus petites, assez grossièrement arrondies[1]. Ces boules passent pour être les pierres de fronde des anciens Baléares. Il est permis d'hésiter avant d'adopter cette opinion. Croit-on vraiment qu'il était utile de travailler les pierres de fronde, du moment qu'on ne leur donnait pas ces formes allongées des balles de plomb romaines ou des balles de stéatite des Kanaques néo-calédoniens? J'ai consulté les frondeurs

1. Encore un extrait d'une lettre de M. Cardona y Orfila : « J'en ai recueilli une seule fois 40, *très sphériques*, du diamètre de 52 millimètres jusqu'à 12 centimètres, dans le sol d'une habitation mégalithique qu'on arrachait devant mes yeux. Parmi ces nombreuses sphères, il y avait des *cendres* et aussi un petit instrument en *bronze* que j'ai emporté. Aujourd'hui j'en possède plus de cent de tous ces diamètres.

actuels : ils n'ont pas saisi l'intérêt de ce travail, et les essais faits sous mes yeux ont donné l'avantage aux pierres simplement *choisies*. Je dois dire pourtant que les vieilles boules, trop volumineuses pour l'habitude d'aujourd'hui, pouvaient être plus aisément maniées par des frondeurs robustes et tenus en haleine par de constants exercices.

J'imagine qu'un jour de bataille la consommation des projectiles devait être énorme, et je serais surpris si l'on avait eu une réserve suffisante de ces boules, ayant, en somme, demandé un long travail de préparation.

Meules à broyer les grains. — Ne serait-ce pas plutôt des broyeurs à main, destinés à concasser les céréales? Pour des projectiles on eût employé la pierre du pays, ordinairement assez tendre pour être facilement ouvragée, toujours assez dure et assez pesante pour casser la tête à l'ennemi. Or, ces boules sont parfois faites avec des roches étrangères au district, et venues sans doute de la région septentrionale, où les terrains sont anciens et variés. Elles ont ainsi les qualités voulues pour ne s'écraser qu'à la longue, et les traces de travail qu'elles offrent pourraient n'être que le résultat d'un long usage. On dirait nos percuteurs et nos broyeurs de l'âge de la pierre. Enfin ce qui me détermine à conclure dans ce sens, c'est que plusieurs ont les facettes usées qui coïncident avec les surfaces de friction, la boule étant tenue à la main[1].

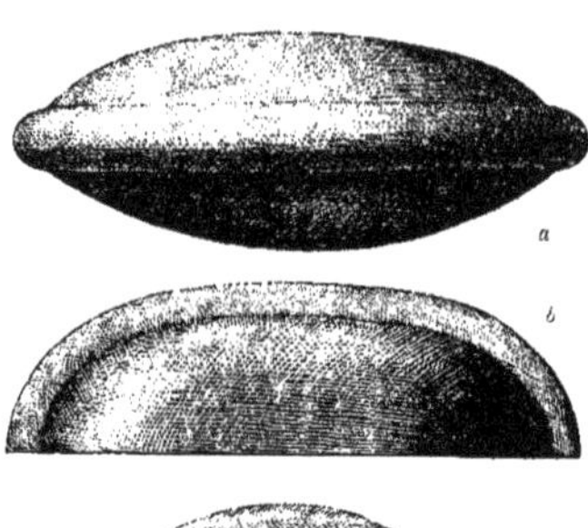

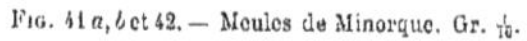

FIG. 41 *a*, *b* et 42. — Meules de Minorque. Gr. $\frac{1}{10}$.

Les grosses meules se rencontrent dans toutes les ruines de Minorque. Elles

1. M. Cardona, éclairé par des observations postérieures aux miennes, arrive à des conclusions différentes, que je me fais un devoir de citer : « Pour concasser des céréales, on avait recours à d'autres formes, toujours en pierre très dure du Nord et dont j'ai un bon nombre d'échantillons. Les boules sphériques sont toujours en calcaire blanc, compact, de notre miocène moyen, facile à travailler. » M. Cardona me permettra d'insister ! *mes* boules ne sont pas toutes en calcaire tendre.

se distinguent immédiatement par leur couleur rougeâtre des autres pierres, qui sont grises ou blanches : la plupart sont de grès bigarré, quelques-uns sont de poudingue du dévonien moyen, enfin un petit nombre de poudingue du trias. Toutes ces pierres proviennent évidemment du centre et du nord de l'île. Une seule est faite de granit, et M. Cardona ne connaît pas cette roche dans l'île. Les figures 41 et 42 montrent leurs formes les plus ordinaires. La saillie dorsale qui, dans de très rares exemplaires, se prolonge aux extrémités en forme de poignée (fig. 42) indique bien, par ce dernier détail, qu'on les maniait à la main ; mais leur volume et leur poids m'ont paru en général trop considérables pour qu'un seul opérateur ait pu les promener aisément sur la meule dormante. Il ne m'est pas difficile d'imaginer un tel ustensile en action, aux mains de deux femmes, par exemple. Si parmi les nombreux moulins primitifs employés autrefois ou aujourd'hui, il en est de semblables à ceux des Baléares, je n'ai pas su les découvrir.

Leur présence dans les ruines est si générale, elles y sont si abondantes, que j'aurais peine à douter de leur contemporanéité avec les grands monuments. On les appelait *amolons*, aujourd'hui *molons* simplement.

Céramique. — C'est une vérité banale que la poterie est, après la pierre, le témoin le plus universel et le plus durable des civilisations disparues. Des tessons de tous les temps se rencontrent dans les champs voisins des monuments Baléares. Les fragments des cruches modernes, des plats de la Renaissance, des alcarazas mauresques, des vases rouges et noirs latins et grecs, gisent pêle-mêle dans les sillons. Toutes ces poteries étaient solides, aussi indestructibles qu'un caillou. Il y a aussi des morceaux de poterie faite à la main, pétrie de graviers, mal cuite, rougie en partie seulement par le feu à l'air libre, et dont nous ne recueillons que des bribes : ce sont les restes de la céramique dont la grotte des Colombes renfermait les spécimens les mieux conservés, ou bien une autre que les collections nous ont révélée. L'ancienneté de celle-ci n'est pas douteuse : à tous les caractères de la pâte elle joint ceux de la forme, et se montre absolument originale. Ces vases sont de petite taille : parmi les deux douzaines que j'ai examinés, le plus petit a 4 centimètres de haut, le plus grand 12. Ils sont légèrement coniques, et le fond, au lieu d'être à la base, se trouve relevé jusqu'au centre (fig. 43 et 44 et autres) ; ils sont ornés de dessins en creux ou d'appendices en relief, mais seulement d'un côté. Cette face ornementée est ordinairement garnie d'une sorte d'écusson, soit en relief, soit délimité par un cordon seul proéminent.

Les fig. 45 à 54 rendent inutile une description plus minutieuse. On notera que les provenances de ces vases sont très variées.

On est surpris de leur très faible capacité : la moitié ne peut guère contenir plus de liquide qu'un godet d'aquarelliste, et l'on peut se demander quel était leur usage. D'ordinaire, en pareil cas, les archéologues ont l'habitude de dire : « Ce sont des objets votifs », ou bien : « C'est une céramique

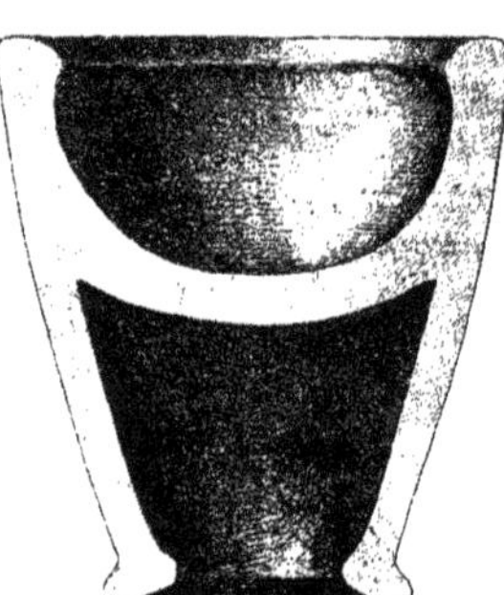

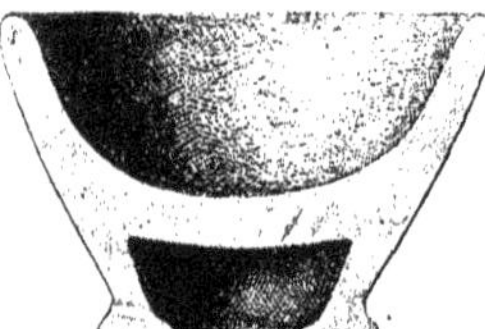

Fig. 43. — Coupe du vase fig. 45.

Fig. 44. — Coupe du vase fig. 48.

Fig. 45.

Fig. 46.

Vases en terre de Minorque. Gr. ½. Collection Pons y Soler.

funéraire ». Mais cela ne nous avance guère, il faudrait d'abord des preuves.

On pensera peut-être que ces vases sont les plus petits de ceux du même type qui étaient en usage ; qu'ils se sont mieux conservés à cause de leur plus grande facilité à résister aux accidents. C'est possible ; mais, dans la cité de l'Hostal, les fouilles ont mis au jour des vases de toutes les dimensions et de volumineux fragments d'urnes ; notre type s'y trouve avec son format normal : aucun tesson plus grand ne lui appartient.

Ce type enfin paraît spécial à Minorque. Voici quelle serait, en revanche, la céramique primitive de Mayorque dans l'état actuel de nos connaissances :

Fig. 47. Fig. 48.

Fig. 49. Fig. 50.

Fig. 47-48-49-50. — Vases en terre de Minorque. Gr. $\frac{2}{3}$.

Ce sont d'abord des vases à forme sphérique, et par conséquent destinés à être suspendus. Ils sont munis, en effet, de petits mamelons perforés tantôt verticalement (fig. 55), tantôt horizontalement. Dans un spécimen, les deux directions existent alternées ainsi. Le nombre de ces anses minuscules varie de deux à neuf.

Ces vases, venus de diverses localités, et notamment de Sitjoles, près de

Llumayor, sont tous remarquables par leur faible épaisseur. La pâte est celluleuse, noirâtre, inégalement cuite, assez bien ouvrée cependant pour qu'on hésite d'abord à croire qu'elle n'a pas été tournée. Aucune ornementation ne s'observe à la surface.

D'autres en forme de pots à fleurs sont fabriqués avec la même poterie.

Fig. 51. Fig. 52.

Fig. 53. Fig. 54.

Vases en terre de Minorque. G. $\frac{2}{3}$. Collection Pons y Soler.

(Collection de M. Planes). A Vista-Alegra, en démolissant un talayot, on mit à découvert au milieu des blocs de l'assise inférieure, et dans des conditions qui paraissent affirmer la même antiquité, des traces de foyer, des os non étudiés et perdus, deux petits pots l'un dans l'autre. Leur pâte, remplie de sable, non tournée, irrégulière, a tous les caractères ordinaires d'infériorité. On les prendrait volontiers pour des lampes, bien que dans le plus grand il n'y ait aucune interruption dans le rebord en face de l'appendice en forme de bec. Un troisième vase du même gisement est muni d'une sorte de poignée courte et trapue.

Évidemment celui-ci n'a rien de commun avec une lampe, mais il a des analogies avec les petits vases précédents, et fait ainsi douter qu'ils aient eu eux-mêmes cette destination. L'appendice, avec sa dépression légère, pourrait n'être qu'une poignée très réduite, une imitation de poignée. (Collection de M. Moragues.) Vista-Alegra possédait un groupe de talayots qui, au nombre de quatre ou cinq, étaient groupés dans une enceinte. Çà et là, autour d'eux, étaient des squelettes, en assez grand nombre me dit-on. Malheureusement, en dehors de ces trois vases que renfermait le mur du plus grand talayot, rien ne fut ramassé.

La collection de M. Michel Costa, de Pollenza, a été formée de pièces recueil-

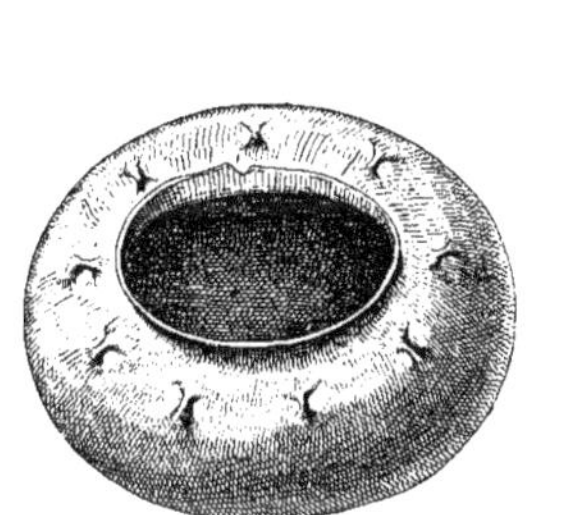

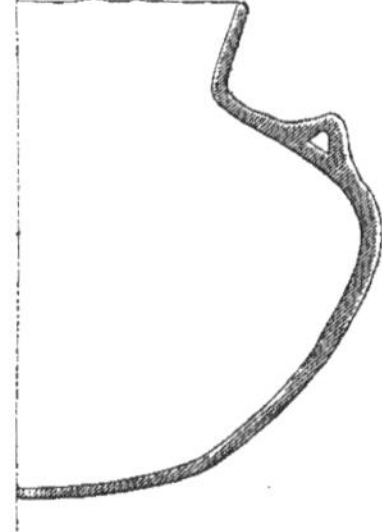

Fig. 55. — Vase de Majorque avec coupe à ½ gr.

lies pendant le défrichement de sa possession Can-Xanet, termino d'Alcudia. Les talayots y étaient nombreux, et ont la plupart disparu. On ne sait pas l'origine précise des objets. Les vestiges romains sont là plus abondants que sur tout autre point des îles, car c'est à Alcudia qu'était le principal et très riche établissement des envahisseurs. Je pense que les bronzes qu'on trouvera dessinés plus loin appartiennent réellement à une époque plus reculée. Les habitants des îles, lorsque les Romains arrivèrent, avaient encore leur industrie particulière, comme leurs mœurs et leurs coutumes ; peut-être, car en cela nous sommes réduit à faire des conjectures, avaient-ils peu subi les influences étrangères, grecques, phéniciennes, etc. : tel objet qui est d'une industrie archaïque n'a pas toujours une date ancienne. En outre, l'industrie romaine ne remplaça pas brusquement l'industrie locale ; de sorte que nous n'avons qu'à présenter sans commentaires les spécimens les plus intéressants. En fait de poterie, ce sont des vases et un fragment orné : l'ornementation de ce tesson est limitée et complète ; elle a évidemment un certaine analogie avec celle des vases à écussons de Minorque. Les vases sont en forme de pots à fleurs de petites dimensions, non tournés, mais lissés avec soin. La pâte tantôt est grossière, tantôt plus fine, rougeâtre et mieux cuite.

Objets de cuivre et de bronze. — Si je classe les objets de métal comme s'ils appartenaient à la France, à l'Espagne ou à l'Italie, il faut mentionner d'abord deux petites perles longues (fig. 56) ; elles sont identiques à celles de la fin de l'âge de la pierre. Sous la même forme, il y avait déjà depuis longtemps

Fig. 56 et 57.
Perles de cuivre, Minorque. Gr. ½.
Collection Ramis.

Fig. 58.
Bracelet de cuivre, Minorque. Gr. ½.
Collection Ramis.

Fig. 59. Fig. 60. Fig. 61.

Bracelets de bronze du termino d'Alcudia, Mayorque. Gr. ½. Collection Michel Costa.

des perles de jayet, de calcaire, de roches vertes et autres. Lorsque le métal arriva pour la première fois, on fondit des perles, des pendeloques, suivant les exigences de la tradition. Ces deux objets de cuivre suffiraient à nous donner une date et confirmeraient ainsi les indications suggérées par le plan des grottes sépulcrales et par plusieurs autres faits. Malheureusement leur origine n'est pas précisée, pas plus que celle des autres pièces de la collection Ramis.

Un bracelet de Minorque est un simple fil de cuivre terminé à chaque bout par une boule (fig. 58); d'autres de Mayorque sont des fils plats, ronds ou semi-ronds arrangés en spirale (fig. 59 à 61). De pareilles spirales plus petites ont été également rencontrées dans les mêmes gisements du termino d'Alcudia. Ces parures ont les plus grands rapports avec celles du sud-est de l'Espagne et qui appartiennent à l'aurore de l'âge du métal, ainsi qu'il résulte des admirables découvertes de MM. Siret. On sait que ces habiles archéologues belges ont pu constater souvent que les pendants d'oreille et les bracelets affectaient cette même forme de fil en spirale et étaient même quelquefois de même grandeur. Un exemplaire de la collection Michel Costa et un autre de la collection Sureda sont enfilés dans un anneau irrégulier, formé négligemment d'un simple bout de fil (fig. 59) : ce fait reproduit deux fois a sa valeur. L'anneau devait sans doute retenir quelque pendeloque, peut-être une amulette que le temps n'a pas épargnée. De Can-Xanet et de Monte-Toro à Minorque viennent des bracelets différents de ceux-là : ce sont de gros anneaux, dont la tige à l'extérieur est bombée et plate à l'intérieur; leur âge est incertain. Il en est de même d'un anneau de Santagny (fig. 62) : si c'est un bracelet, il ne pouvait appartenir qu'à un enfant. La Marmora signale (pl. XXXIX) une pièce identique qu'il assure provenir du talayot dit Son-Texeguet, près Lluc-Major (Minorque), ainsi qu'un disque pareil à celui de notre figure 79.

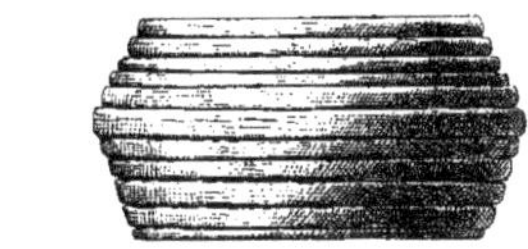

Fig. 62. — Anneau de bronze de Santagny. Gr. $\frac{1}{1}$. Collection Sureda.

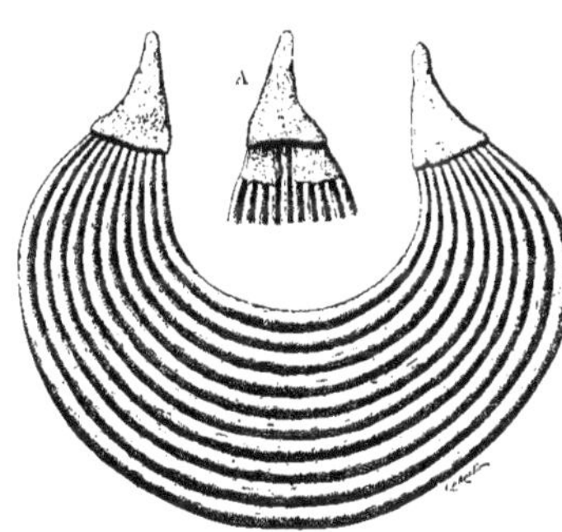

Fig. 63. — Un ornement de poitrine. Gr. $\frac{1}{4}$.

Deux pièces seulement rentrent dans la catégorie des colliers. Dans l'un, de la collection Ramis, la tige est ornée de traits gravés; les deux extrémités se terminent par un léger renflement aplati et perforé; ce qui constituait le fermoir n'existe plus.

L'autre, de la collection Pons, est originaire de Minorque (fig. 63); mais on se souvient d'une semblable trouvaille faite dans les ruines d'un talayot près Sainte-Marie, à Mayorque. Cet objet, volumineux et très lourd, est-il réellement une parure du col et de la poitrine? Cela me paraît probable, parce que les dimensions ne s'y opposent pas, et surtout parce que nous connaissons des pièces semblables dont l'usage est mieux déterminé; on les conserve notamment dans les musées de

Fig. 64. — Épingle (?) en bronze, Mayorque. Gr. ½. Collection Sureda.

Vienne et de Berlin. Il est curieux de trouver pareille analogie à si grande distance; mais ce lien entre l'Europe centrale et les Baléares reste, comme d'autres faits, sans explication.

La longue tige de la collection Sureda (fig. 64) doit-elle rentrer dans la catégorie des parures? L'épingle, si c'en est une, au lieu d'une pointe présente une spatule plate et perforée, à laquelle s'attachait probablement une pièce perdue

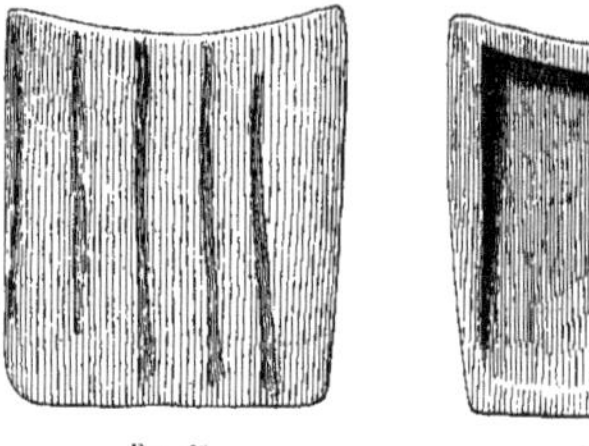

Fig. 65.

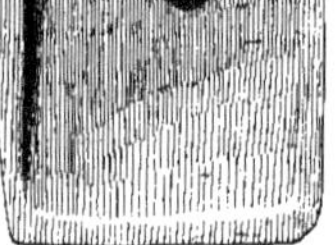

Fig. 66.

Fig. 67.

Boucle de bronze, Monte-Toro, Minorque. Gr. ⅔. Collection Pons y Soler.

ou ajoutis ornemental faisant pendant à la tête discoïdale. Un tel objet peut très bien trouver place dans une coiffure.

Je n'ose pas donner une haute antiquité à la boucle que montrent de tous leurs côtés les figures 65 à 67. Sa surface extérieure avait des bandelettes, de métal sans doute, qui ont disparu avec le temps, après avoir laissé une durable empreinte dans l'oxyde du bronze. Un second exemplaire identique vient d'une autre localité.

En fait de fibules, rien de bien ancien, des formes romaines et connues dont je donne néanmoins le dessin (fig. 68). Quant à la petite hachette bipenne de la figure 69, je n'affirme pas davantage son âge. On peut, je pense, la placer parmi les parures. Elle a peut-être formé la tête d'une épingle ou une perle de collier. Un exemplaire vient d'Alcudia, Mayorque (Collection Michel Costa), un autre de Minorque (Collection Pons.)

Fig. 68.

Fibule de bronze.

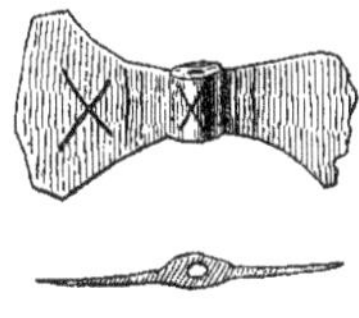

Fig. 69.

Imitation de hachette. Gr. nat.

Armes et Outils. — Trois haches de métal ont été recueillies : deux petites et plates, du type le plus ancien de l'âge du bronze (fig. 70); une qui est au contraire du type le plus récent (fig. 71). La Marmora assure que

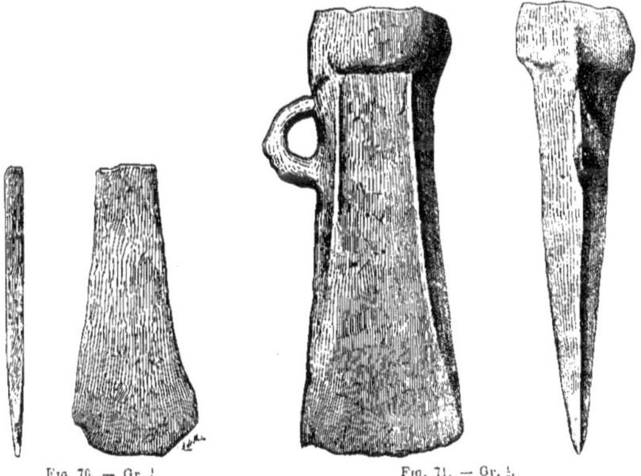

Fig. 70. — Gr. ½. Fig. 71. — Gr. ½.

Hachettes de cuivre et de bronze, Minorque. Collections Pons et Sureda.

celle-ci (ou peut-être sa pareille, je ne sais, le dessin de Ramis étant par trop sommaire) fut trouvée dans un talayot.

Avec les premières marchent les lames de poignard triangulaires et très minces dont il y a aussi de rares spécimens. L'une (fig. 72), bien complète, avec ses trous à rivets et la trace du manche très nette, fut trouvée avec sa voisine (fig. 73)

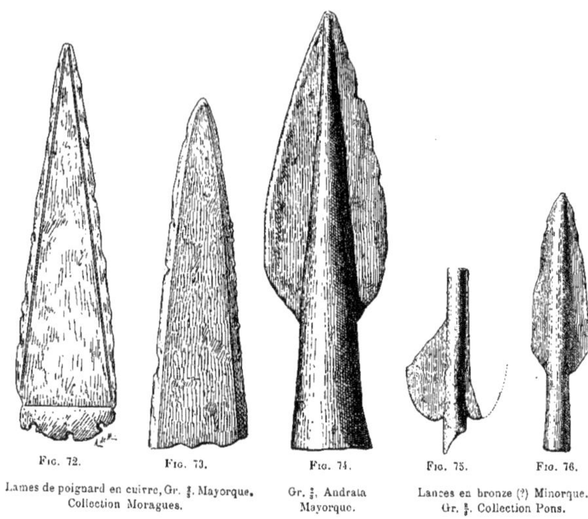

Fig. 72. Fig. 73. Fig. 74. Fig. 75. Fig. 76.

Lames de poignard en cuivre, Gr. $\frac{2}{3}$. Mayorque. Collection Moragues.

Gr. $\frac{2}{3}$, Andrata Mayorque.

Lances en bronze (?) Minorque. Gr. $\frac{2}{3}$. Collection Pons.

à Son-Moragues, près Valdemosa. C'est en faisant sauter des rochers qu'on les mit à découvert. Un troisième exemplaire, plus long et plus élégant, fait

Fig. 77 et 78.

Pointes à douille en bronze jaune Santa-Agueda, Minorque. Gr. $\frac{2}{3}$. Collection Pons.

partie de la collection du château de Ratxa près de Palma; mais il ne figure pas au catalogue, pas plus que les autres objets de provenance mayorquine; on a eu plus d'égards pour les antiques ou les soi-disant antiques venus d'Italie.

La même collection et surtout celle de M. Pons renferment des têtes de lance à douille d'un type assez particulier et qu'on retrouve en Sardaigne et dans le monde grec (fig. 75). D'autres pointes (fig. 74 et 76) sont semblables à celles qui abondent un peu partout au nord et à l'occident de la Méditerranée. Les pointes les plus originales sont celles dont M. Pons possède une série : ce sont des tiges grêles à base creuse (fig. 77 et 78); la plus longue a 18 centimètres de longueur, la plus petite 6. Ce sont sans doute des bouts de flèches.

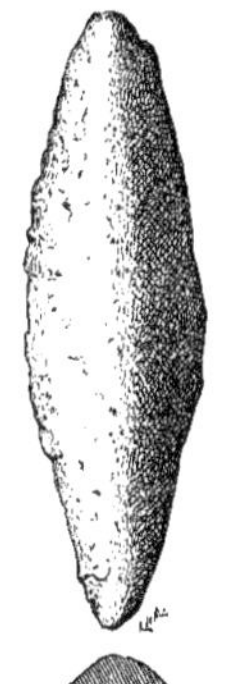

Fig. 79.

Lingots de bronze. Minorque. Gr. ½. Collection Pons y Soler.

Lingots. — Deux petites masses de bronze recueillies à Son-Gornesset près Ferrerias, Minorque, me paraissent rentrer dans cette catégorie (fig. 79).

Ce n'est pas au hasard que j'ai employé çà et là les mots bronze et cuivre. J'avais pris des parcelles d'une partie des objets, et les analyses ont été faites dans le laboratoire de mon ami M. le Dr Garrigou, à Toulouse.

Objets indéterminés. — Une longue tige de bronze, de 0m,90 de longueur, s'est rencontrée près de Fornélls, dans une crevasse de rocher, auprès d'un squelette humain. Elle n'est pas pointue, et elle présente, à peu de distance d'une extrémité, un appendice en forme de crochet. On dirait une broche de rôtisseur.

Trois disques, munies d'un côté d'une protubérance centrale en forme de bouton pointu, de l'autre côté d'une anse en relief (fig. 80). Un des exemplaires, collection Moragues, est orné d'un léger rebord sur tout le pourtour, et, en outre, il reste un anneau irrégulier en fil de cuivre passé dans l'anse. Ce sont évidemment des pièces décoratives, que dans le matériel gaulois on prendrait pour des phalères de chevaux. Mais je n'ose, à Mayorque, m'exprimer ainsi.

Absolument énigmatiques sont quatre pièces des collections Pons et Ramis. La fig. 81 me dispense d'en donner une description minutieuse et difficile. Leur grandeur varie du simple au double. La corne de l'une des grandes (fig. 81, A) est arrondie, intacte, et semble indiquer que dans les autres exemplaires ces bouts n'ont pas été plus longs, bien qu'ils paraissent tronqués. Cela m'empêche de croire que ce sont des anses ou poignées de vase. La concavité de la partie élargie et qui fait un peu ressembler la plus grande à une cuiller n'existe pas dans les quatre spécimens. Naturellement Ramis a une explication toute prête :

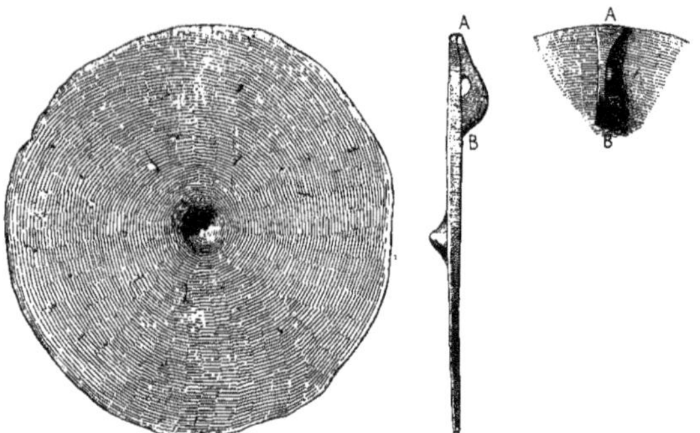

FIG. 80. — Disque en bronze, Santagny (?) Mayorque. Gr. ½. Collection Sureda.

ce sont des instruments qui servaient aux druides. Il nous dit, et ceci a plus d'intérêt pour nous, que l'un de ces objets fut trouvé dans un talayot à San-

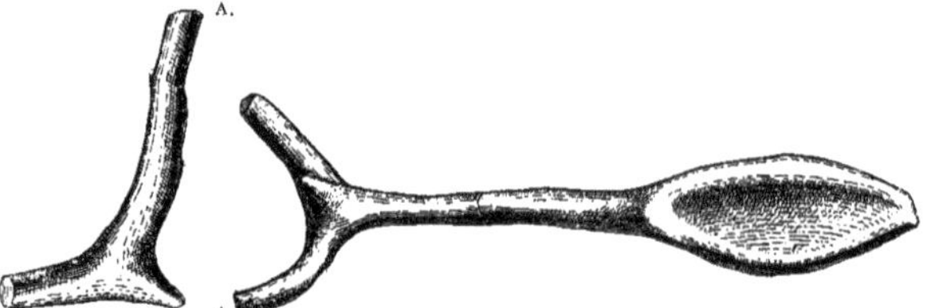

FIG. 81. — Objets de bronze. Collection Pons y Soler.

Thomas, près Alayor, Minorque. M. Pons a également recueilli l'un des siens près d'un talayot à Benicodrell-de-Baix.

J'ai remarqué dans la petite mais intéressante collection de M. Moragues une mince plaquette de plomb vraiment curieuse (fig. 82). Mon dessin donne, je crois, une idée suffisante de l'ornementation d'une face, mais l'autre est plane, sauf trois petits mamelons en forme de losange qui sont alignés au milieu de la partie supérieure, derrière les anneaux concentriques du centre. Une pièce tout à fait semblable pour la forme, mais non pour l'ornementation, est figurée par la Marmora (voir sa pl. XXXIX, fig. 4). Il prétend qu'elle provient d'un talayot dit Son-Texeguet, près Lluc-Major (Minorque). Il l'attribue à l'industrie phénicienne et croit qu'elle représente une peau de tête de bœuf. Il l'avait vue avec quelques autres pièces, dans un petit musée, au couvent des Capucins

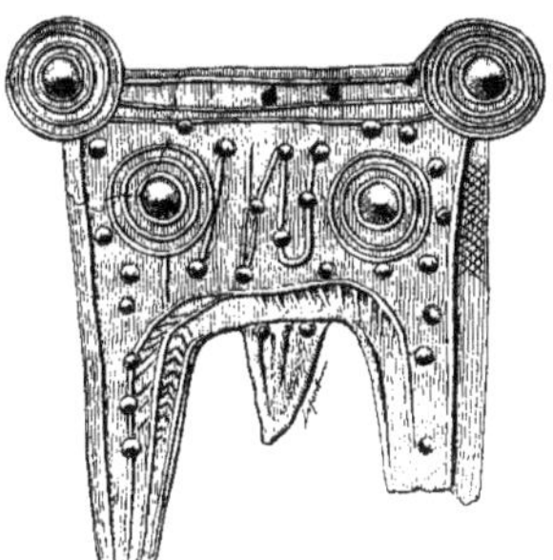

Fig. 82. — Plaquette de plomb. Gr. $\frac{1}{4}$.
Pina, près Montuire, Mayorque.

de Palma, dont les archéologues de la Société Luliana devraient bien retrouver la trace.

Tous les autres objets qui m'ont été montrés rentrent dans les séries classiques, soit grecques, soit égyptiennes, soit romaines. Aucun d'eux ne rappelle les antiquités spéciales de la Sardaigne. Seules les verroteries, les perles polychromes bien connues et un très beau flacon multicolore appartiennent sans doute à l'industrie phénicienne.

Les personnes qui désireraient des renseignements complémentaires trouveront à la Bibliothèque du Musée national de Saint-Germain-en-Laye mes photographies et mes croquis.

Je termine ici mes notes en remerciant encore tous les collectionneurs des deux îles de leur complaisance à mon égard.

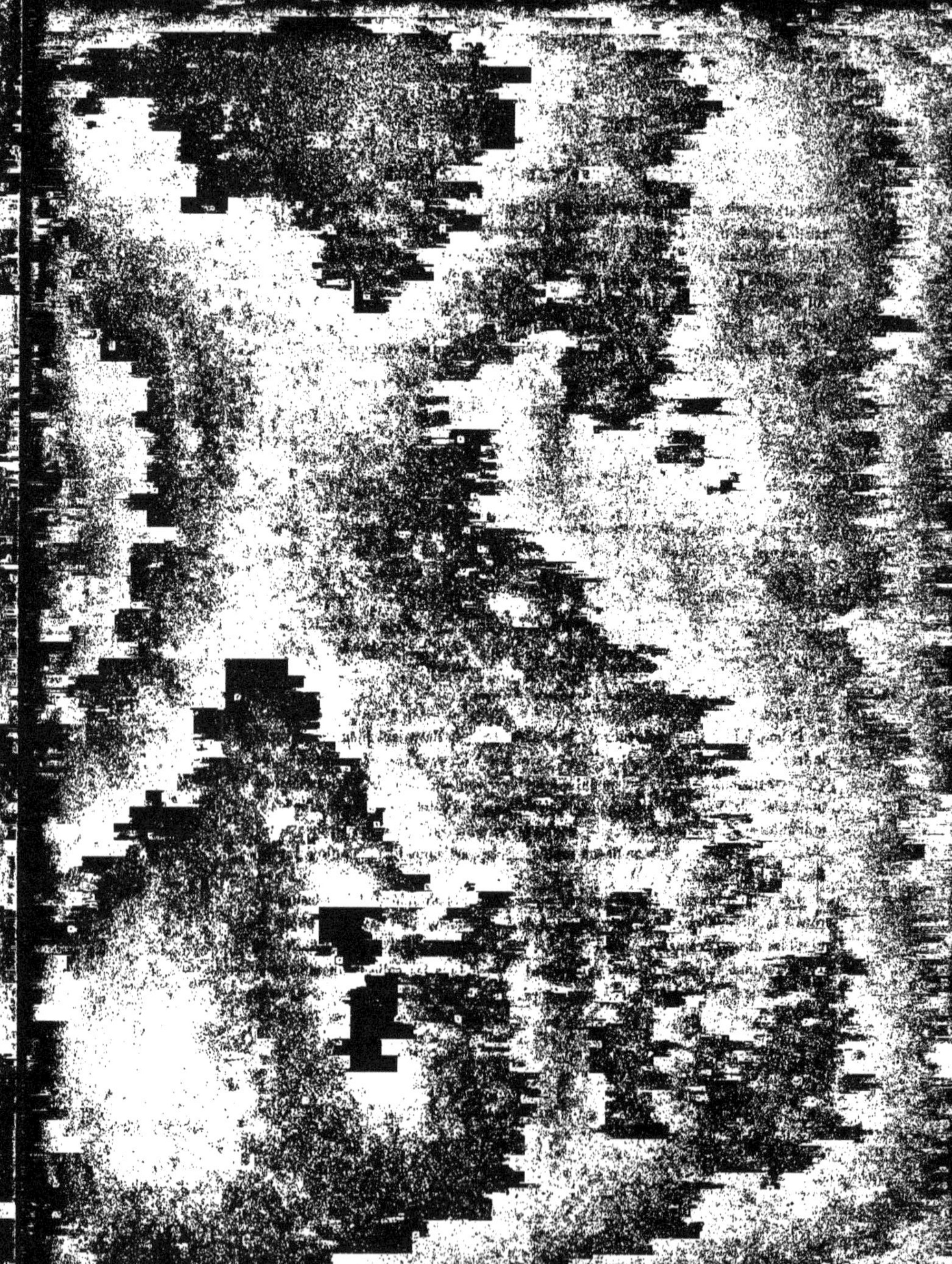

CHAPITRE IV

NOTICE SUR LES OSSEMENTS HUMAINS DES ANCIENNES SÉPULTURES DE MINORQUE

PAR

M. LE Dr VERNEAU

Les ossements humains recueillis dans les grottes de L'Hostal et de Torre-d'en-Gaumes et dans la naveta de Rafal Rubi comprennent : 1 crâne féminin complet, 15 fragments de crânes différents, 2 maxillaires inférieurs, 20 humérus, 1 iliaque, 18 fémurs, 23 tibias, 5 péronés. Sur ce nombre, 8 os longs seulement sont entiers; les autres sont pour la plupart réduits à des fragments trop petits pour pouvoir être étudiés fructueusement. Nous le regrettons d'autant plus que ceux qui se prêtent à l'étude offrent un intérêt des plus réels, comme nous allons essayer de le démontrer.

Le crâne en bon état que nous possédons provient de la grotte de L'Hostal. C'est une tête de femme parfaitement adulte, avec toutes ses sutures ouvertes, même la métopique, qui existe sur toute la longueur du front. Le sujet était encore jeune, malgré la notable usure de ses dents.

Lorsqu'on l'examine de profil, on voit la courbe antéro-postérieure monter d'abord verticalement au-dessus de la glabelle, puis s'infléchir brusquement à 3 centimètres et demi environ de ce point. Toute la partie supérieure du crâne est fortement surbaissée. Un peu en arrière du bregma existe une ensellure des plus marquées. Vers le tiers postérieur des pariétaux, la courbe change de nouveau de direction d'une façon moins brusque qu'en avant, et l'occipital se projette très notablement en arrière. La base est modérément renflée.

Au point où la courbe antéro-postérieure devient descendante, on note un méplat qui occupe plus du tiers postérieur des pariétaux et la partie supérieure de l'écaille occipitale, dans une étendue de 3 centimètres à peine.

Vu d'en haut, le crâne de L'Hostal rappelle entièrement la *norma verticalis* du crâne brachycéphale n° 6 de la carrière Hélie, à Grenelle.

De face, cette tête monstre pourrait être décrite dans les termes qu'emploient MM. de Quatrefages et Hamy lorsqu'ils parlent du crâne féminin brachycéphale de Grenelle : « Les os malaires projetés en dehors développent assez la face en largeur ; les orbites sont carrés... l'indice nasal est mésorhinien. L'arcade dentaire, qui est parabolique, porte des dents bien plantées, fort régulières et usées. La voûte palatine atteint une profondeur de 1 centimètre environ[1]. »

En somme, le crâne de L'Hostal rappelle considérablement le crâne féminin de la race brachycéphale de Grenelle ; il ne s'en distingue guère que par sa voûte un peu plus surbaissée.

Les mensurations pratiquées sur cette tête mettront mieux en lumière qu'une longue description les analogies qui existent entre les deux crânes. Nous plaçons à côté des chiffres que nous a donnés la femme de L'Hostal ceux que la femme de Grenelle a fournis à MM. de Quatrefages et Hamy :

MESURES DU CRANE.		L'HOSTAL.	GRENELLE (CARRIÈRE HELIE).
Diamètres.	Antéro-postérieur maximum	173	173
	Transverse maximum	141	145
	— bitemporal	130 (?)	135
	— biauriculaire	116	119
	— bimastoïdien	96	99
	— frontal maximum	122	118
	— — minimum	93	92
	— occipital maximum	107	112
	Vertical basilo-bregmatique	122	»
Courbes.	Horizontale totale	506	511
	— préauriculaire	226	224
	Transverse totale	420	430
	— sus-auriculaire	303	311
	Frontale cérébrale	100	106
	— totale	119	126
	Pariétale	116	123
	Occipitale	120	115
Indices.	Longueur = 100. Largeur	81,50	83,68
	— — Hauteur	70,52	»
	Largeur = 100. —	86,52	»

1. *Crania ethnica*, p. 124.

Les deux têtes sont brachycéphales, et, si l'une rentre dans le groupes des sous-brachycéphales, tandis que l'autre se range parmi les brachycéphales, c'est que le crâne de L'Hostal mesure, au point où tombe le diamètre transverse maximum, 4 millimètres de plus que celui de Grenelle, le diamètre antéro-postérieur étant identiquement le même. Ces 4 millimètres, il les regagne sur le diamètre frontal maximum, de sorte que les courbes horizontales sont aussi rapprochées que possible. Seule, la courbe transverse offre des différences assez sensibles dans les deux cas; et ce fait est le résultat du surbaissement que nous avons noté sur la voûte du crâne des Baléares.

On pourrait, il est vrai, trouver quelques autres différences minimes dans la longueur de la courbe frontale, dans le diamètre occipital maximum et dans quelques autres mesures. Mais ces différences de 5 ou 6 millimètres dépassent-elles celles qu'on constate dans une même race? Nous ne le croyons pas.

Au fond, le type général est le même, et les deux têtes ne se distinguent réellement que par le surbaissement de la voûte du crâne de L'Hostal. Les caractères faciaux établissent des rapports encore bien plus intimes entre la femme des Baléares et celle de Grenelle. Il suffit de comparer les chiffres que nous donnons dans le tableau suivant pour être convaincu qu'il y a identité à peu près complète :

MESURES DE LA FACE.		L'HOSTAL.	GRENELLE (CARRIÈRE HÉLIE).
Diamètres.	Biorbitaire externe	100	102
	Interorbitaire	23	23
	Bizygomatique maximum	125	122
	Bimaxillaire minimum	60 (?)	59
Orbites.	Largeur	36	36
	Hauteur	30	30,5
Nez.	Largeur maximum de l'ouverture	24	23
	Longueur	46	45
Hauteurs.	Sous-cérébrale du front	19	17
	Intermaxillaire	16	16
	Totale de la face	80	78
	De la pommette	19	21
	Orbito-alvéolaire	37	34
Indices.	Orbitaire	83,33	84,72
	Nasal	52,17	51,11
	Facial	64	63,93

Ici, nous le répétons, ce n'est plus de l'analogie que présentent les deux têtes, mais une identité presque absolue. Les chiffres sont assez éloquents par eux-mêmes pour que nous puissions nous dispenser de commentaires.

En présence de ces résultats, doit-on attacher une importance capitale au surbaissement de la voûte chez la femme des Baléares? N'est-il pas permis de le considérer comme un simple caractère individuel? Faut-il, au contraire, y voir un caractère ethnique suffisant pour séparer complètement le crâne de L'Hostal de celui de Grenelle? Faut-il, enfin, regarder l'aplatissement de la voûte comme un signe de métissage? A ces diverses questions, il nous semble facile de répondre. Dans la race la plus pure, on observe des différences individuelles qui vont autrement loin que celle dont il s'agit. On ne peut pas même faire intervenir le métissage dans le cas qui nous occupe. Il serait bien extraordinaire, en effet, que le croisement entre deux races eût laissé persister tous les caractères de l'une d'elles, à l'exception d'un seul. Or la tête de L'Hostal nous montre, non seulement dans son ensemble, mais dans ses détails, une ressemblance avec la race brachycéphale de Grenelle qui va souvent jusqu'à l'identité. C'est donc au même type qu'il faut la rattacher.

Si cette conclusion n'est pas erronée, elle présente un intérêt qui n'échappera à personne. Dans la série de crânes recueillis dans le sud-est de l'Espagne par MM. Louis et Henri Siret, M. le docteur Victor Jacques a retrouvé le type de la carrière Hélie de Grenelle, et il se trouvait même « largement représenté dans la population de l'Argar ». Or, les sépultures fouillées par MM. Siret datant de l'époque du bronze, notre confrère est porté à regarder les brachycéphales qui y ont été rencontrés comme les « descendants directs » de la race de Grenelle-Hélie. Cette race aurait émigré du nord au sud, et elle aurait dépassé la péninsule ibérique, puisque nous la retrouvons dans les îles Baléares.

Déjà nous avions constaté des faits analogues pour la race de Cro-Magnon, et les observations de M. Victor Jacques ont pleinement justifié ce que nous avions écrit à ce sujet. Il a de plus constaté à l'Argar la présence d'individus offrant tous les traits du crâne de Furfooz n° 2. En présence de ces faits, on est conduit à se demander si toutes nos vieilles races n'ont pas, à un moment donné, émigré vers le Sud, sans doute à l'époque où de nouveaux-venus leur ont disputé le sol sur lequel elles étaient anciennement établies. Cette hypothèse repose déjà sur un nombre de faits respectable ; la découverte du crâne de la grotte de L'Hostal fournit un nouvel argument à ceux qui partagent cette manière de voir. Cette trouvaille nous montre aussi que, de même que la race de Cro-Magnon, celle de Grenelle n'a pas été arrêtée par la mer : l'une et l'autre l'ont franchie aux époques préhistoriques.

Voulût-on voir dans le surbaissement de la voûte du crâne de L'Hostal un signe de métissage, que les déductions qui précèdent n'en seraient en rien infirmées. Ce caractère appartient au type n° 2 de Furfooz, et nous venons de voir que le Dr Jacques l'avait retrouvé à l'âge du bronze dans le sud-est de l'Espagne. Ce seraient des individus de cette race ou des hommes déjà métissés qui l'auraient introduit aux Baléares. La réalité des migrations dont nous venons de parler n'en serait nullement battue en brèche.

Il n'est pas douteux, d'ailleurs, que divers types aient vécu aux Baléares à l'époque du bronze, et les partisans de l'autochtonie ne sauraient prétendre que le milieu ait pu donner naissance à la fois à des traces absolument distinctes. On est donc forcé d'admettre qu'un certain nombre d'individus au moins étaient venus du dehors.

Si nous manquons de crânes pour mettre en évidence la multiplicité des races anciennes des Baléares, nous possédons des os longs qui vont le montrer suffisamment. Un très petit nombre sont entiers, et permettent de calculer la taille. En nous servant des chiffres d'Orfila, nous sommes arrivés aux résultats suivants :

Pour les hommes de la grotte de L'Hostal, nous avons trouvé des tailles de 1^m,63 1^m,68 et 1^m,69 ; deux femmes nous ont donné 1^m,53.

La naveta de Rafal Rubi renfermait les restes de deux hommes qui mesuraient respectivement 1^m,68 et 1^m,70 ; une femme avait 1^m,53.

Ainsi la taille des hommes variait de 1^m,63 à 1^m,70 ; celle des femmes paraît avoir été de 1^m,53. Assurément, entre les hommes les plus grands et les individus les plus petits la différence n'est pas énorme ; mais nous n'avons pu évaluer la taille que de cinq sujets, et il est bien probable que, si nous eussions eu des matériaux plus nombreux, les variations seraient bien plus accusées. Quoi qu'il en soit, lorsque sur cinq individus on trouve une différence de 7 centimètres, on n'est pas autorisé à prétendre qu'on se trouve en présence d'un groupe homogène.

Examinons maintenant quelques caractères des os longs. L'humérus des sujets de la naveta de Rafal Rubi présente, vers la pointe du V deltoïdien, un diamètre antéro-postérieur qui varie entre 19 et 26 millimètres. La largeur de son extrémité inférieure oscille entre 53 et 68 millimètres. Dans un sexe comme dans l'autre, on rencontre des individus peu robustes à côté de sujets qui peuvent rivaliser en force avec les hommes les plus robustes de la race de Cro-Magnon. Enfin deux humérus montrent la perforation olécrânienne, et sur l'un l'ouverture atteint 12 millimètres de large ; neuf autres ne présentent point ce caractère.

A L'Hostal, un humérus féminin, le seul que nous possédions, mesure

278 millimètres de longueur, 17 de diamètre antéro-postérieur et 48 de largeur à son extrémité inférieure; la femme était donc à la fois petite et peu vigoureuse.

L'étude du fémur nous montrerait les mêmes mélanges. Presque tous sont trop brisés pour qu'il soit possible de rendre par des chiffres les différences qu'ils offrent. D'une façon générale on peut dire que certains individus avaient des os grêles, tandis que d'autres étaient d'une robusticité peu commune, comme le démontrent à la fois le volume de l'os et la saillie de la ligne âpre. Il est cependant un caractère que nous avons pu évaluer : c'est l'existence ou la non-existence de la platymérie. On sait que M. le docteur Manouvrier a donné ce nom à l'aplatissement de la portion du fémur située au-dessous des trochanters, et qu'il a proposé de l'évaluer par le rapport du diamètre antéro-postérieur de l'os au diamètre transverse, mesurés l'un et l'autre au niveau du point le plus aplati. Or voici ce que nous avons observé:

A la naveta de Rafal Rubi, le tiers des fémurs présente une platymérie très accusée (indices de 67,57 à 73,52); un autre tiers offre une platymérie modérée (de 76,66 à 77,42); les autres n'en offrent pas de trace. Les extrêmes vont de 67,51 à 86,20.

A L'Hostal, nous constatons le même fait : deux fémurs sont franchement platymériques (ind. = 74,99 et 75); le troisième ne l'est pas du tout (ind. = 87,87).

Ainsi, à quelque point de vue que nous examinions le fémur, nous trouvons entre les individus des différences notables.

C'est ce que va nous montrer encore le tibia. Réduit le plus souvent à un fragment de la diaphyse, nous avons dû nous borner à en évaluer le rapport du diamètre antéro-postérieur au diamètre transverse, chaque fois que nous avons eu le trou nourricier.

Sur 14 tibias de la naveta de Rafal Rubi, 4 nous ont donné des indices inférieurs à 63, c'est-à-dire qu'ils sont bien aplatis, platycnémiques, pour employer le mot consacré; 6 donnent des indices qui oscillent entre 63 et 69 (platycnémie faible); 4 enfin dépassent l'indice de 69, et ne sont par conséquent nullement aplatis. Les indices extrêmes vont de 58,97 à 81,48.

La grotte de L'Hostal offre quelque chose d'analogue : un des tibias qui en proviennent est légèrement aplati (ind. = 64,10), l'autre ne l'est pas du tout (ind. = 73,52).

Enfin, trois tibias de la grotte de Torre-d'en-Gaumes ne présentent pas de trace de platycnémie.

En présence de caractères aussi variables et de chiffres aussi éloignés les uns des autres, il est impossible de nier que la population des Baléares était déjà fort mélangée à l'époque du bronze. Malheureusement les matériaux que nous avons entre les mains ne permettent pas de déterminer les divers éléments ethniques qui s'étaient donné rendez-vous dans ces îles. Tout ce qu'on peut affirmer, c'est que l'une des races était peu vigoureuse, tandis qu'une autre était, au contraire, extrêmement robuste. Il serait téméraire de vouloir rechercher à quel type appartenait cette dernière. Néanmoins la vigueur des os, la saillie de la ligne âpre du fémur, l'aplatissement du tibia, que nous avons signalés chez certains individus, pourrait faire supposer qu'il était arrivé là des hommes de Cro-Magnon. C'est évidemment une simple hypothèse, qui n'a rien d'invraisemblable si nous nous rappelons que la race comptait alors des représentants dans la péninsule ibérique, presque en face des îles Baléares, et si nous tenons compte qu'elle n'hésitait pas à franchir la mer, puisqu'elle a gagné, vers cette époque probablement, le nord de l'Afrique. Ce qui paraît le mieux établi, c'est que la race brachycéphale de Grenelle n'avait pas craint de faire ce voyage d'outre-mer, car le crâne de la grotte de L'Hostal en est un spécimen pur ou à peine altéré.

Telles sont les conclusions qui se dégagent de la rapide étude que nous venons de faire. Il nous resterait à signaler parmi les os recueillis dans les sépultures des Baléares quelques pièces pathologiques intéressantes. Sans entrer dans des détails descriptifs, citons un cas de fracture consolidée sur un péroné de la naveta de Rafal Rubi et trois cas d'arthrite végétante sur un humérus, un tibia et un péroné de la grotte de L'Hostal. Sur l'humérus on remarque plusieurs orifices d'anciennes végétations de tumeur blanche. L'olécrâne s'est séparé du cubitus pour se souder à l'humérus. Il s'est fait entre ces deux os et le radius une pseudarthrose qui siège très haut et en avant de l'extrémité inférieure de l'os du bras ; celle-ci, par suite de la prolifération osseuse, ne mesure pas moins de 77 millimètres de largeur. La plus grande partie de sa surface articulaire, de même que celles du tibia et du péroné de la même grotte, a été fortement usée par le frottement et polie, en même temps qu'elle a acquis l'aspect de l'ivoire.

TABLE

CHAPITRE III

CHAPITRE IV

Nota. — Une liste explicative des planches les accompagne.

Paris. — Typ. Chamerot et Renouard, 19, rue des Saints-Pères. — 25207.

www.ingramcontent.com/pod-product-compliance
Ingram Content Group UK Ltd.
Pitfield, Milton Keynes, MK11 3LW, UK
UKHW021115260726
13994UKWH00002B/893